JN411001

겨울미술관에서 봄을 기다린다

겨울미술관에서 봄을 기다린다

1판 1쇄 발행 2012년12월 10일

지은이 김지희

펴낸이 이임광

펴낸곳 현자의숲
전화 02)333-8276
팩스 02)323-8273
등록 2011년 7월 20일 제 313-2011-204호
주소 서울시 마포구 성산동 261-38번지 베아트리스 101호
E-mail goodbook2011@naver.com

ISBN 978-89-97758-28-9 (03810)

김지희 에세이

겨울미술관에서 봄을 기다린다

헌사

한국화단에서 좋은 화랑의 모범을 보여주신 청작화랑 손성례 대표님, 신광수 팀장님 늘 감사드립니다. 열정적이고 빠르게 좋은 책을 만들어주신 공감의기쁨 출판사의 김이슬, 박진영, 한라경, 손민지 에디터와 북디자인의 위력을 보여준 최현웅 팀장, 박마리아 님께 감사드립니다. 좋은 출판사와의 인연을 만들어주신 알렉스 작가님, 말이 필요 없는 김종근 평론가님, 아트앤컬렉터 식구들, 티나김 대표님과 묵묵히 예술의 꽃을 피워나가시는 주변 작가님들, 힘을 준 친구들, 제 그림을 사랑해주시는 컬렉터님들과 팬분들께 늘 고마운 마음입니다. 의욕적이었던 학창시절 늘 따뜻한 가르침과 지지를 아끼지 않으신 이화여대 원문자, 오용길, 오숙환, 김보희, 이종목 교수님 부끄럽지 않은 제자가 되도록 좋은 작가로 부단히 성장해나가겠습니다. 조현숙 선생님, 강현주 선생님, 오관진 선생님, 사춘기 시절 붓을 놓지 않도록 용기를 주셔서 감사드립니다. 멋진 추천사 써주신 배우 김영호 오빠, 영화배우 하정우 오빠, 감각적인 DJ 구준엽 오빠 고마워요.

그리고 누구보다 늘 제 뒤에서 애써주시는 아버지, 어머니와 동생, 가족들에게 미안함과 고마움, 사랑을 담아 이 책을 드리고 싶습니다.

prologue

스물아홉, 가쁘고 기쁜 고갯마루

겨울이 길었다.

사납도록 쩡쩡 울던 바람에 시려 떨었다. 그러나 언 땅에 스멀스멀 몸을 부비는 햇살. 지상의 맨살을 덮는 벚꽃의 온기. 계절은 소스라쳐 깨어날 채비를 마쳤나 보다. 끝나지 않을 것 같던 겨울의 냉기는 금세 잊고 다시 피어나는 마음은 본능이다. 결국 봄.

계절처럼 피어나던 마음이 어느덧 스물아홉 해를 맞았다. 스물아홉은 여자에게 특별한 나이다. 낙화를 눈앞에 두고 어깨를 활짝 젖히고 피어 있는 꽃을 볼 때의 불안감이랄까. 진정한 사회적 어른을 맞는 서른을 눈앞에 두고 손가락 사이를 빠져나가는 20대의 아쉬움과 후회가 불현듯 몰려오는 나이다. 그럼에도 무엇이든 시작할 수 있는 희망이 남아 있고 가장 큰 삶의 변화를 선택할 나이이기도 하다. 경험이 채비해준 어느 정도의 경륜으로 본격적인 항해를 준비하는 그런 시기. 그래서 가치를 향한 타는 목마름이 있다.

한 권의 책을 핑계로 예술이라는 금고에 맡겼던 내 20대의 행려를 면면이 들추어본다. 가장 차갑고도 뜨거운 일의 최전선에 선 워커홀릭의 한 명으로, 나는 내 뒤에 따라오는 나이라는 숫자를 늘 이기고 싶었다. 자화상 같은 그림과 글을 통해 예술을 향한 가득한 사랑과 정신을 표현하며 삶을 향한 강력한 패기와 애착으로 스물여덟 해를 채웠다.

솔직한 이야기를 털어놓고 싶었다. 스케치북과 크레파

스를 좋아하던 유년시절, 부족함을 채우고 싶던 학창시절을 지나 시간과 역량의 한계에 도전하던 스무 살 그리고 20대. 나는 누구보다 타이트하게 생활했다. 꿈을 이루지 못할 핑계는 없음을 보여주기라도 하듯. 그러면서도 때론 여행자처럼 도시의 낭만을 누리기도 하고, 일하고 사랑하고 즐겁고 아파했다. 청춘의 행적을 모으다 보니 때론 못난 모양이었다. 그래도 활짝 어깨를 젖히고 피어난 현재는 더없이 소중하다.

나의 20대는 가치에 목말라했고 지금도 그러하기에 충분히 의미 있다고 생각한다. 숨쉬는 한 희망은 멈추지 않고 늘 살아 있는 가슴으로 무지개를 찾아 나설 것이다. 그러므로 나는 믿는다. 정신이 현실에 포박당하지 않을 것을. 영원히 젊음을 지켜갈 것을.

보잘것없어 보여도 남은 삶을 결정짓는 20대의 모든 순간은 가치가 있다. 넘어지고 더디 가도 우리는 매일 새로운 햇살에 눈을 뜬다.

가장 아름다운 시절에 삶의 안주로부터 나를 지키고 궁극의 가치를 찾아가고 있을 청춘들과 지금 이 순간에도 20대의 마음으로 무지개를 찾아 여행하는 독자들을 나는 응원한다. 내가 응원하는 사람들, 나를 응원해주는 사람들과 함께 이 책을 읽고 싶다.

스물아홉, 삶을 관조하는 첫 번째 망루에 올라 새로운 항해를 준비할 시간이다.

2012년 청춘을 붙잡고 싶은 늦봄에

김재휘

contents.

03  환상, 현실은 나를 더욱 견고하게 만든다

04  관심, 화폭을 펼치면 사랑이 시작된다

05  이별, 불안하니까 아름답다

01

명작, 진정한 예술가는 악마를 연기한다

삶의 어떤 부분이든 문인화 한 폭 같은 가치를 강직하게 지켜나갈 수 있다면,
적어도 스스로에게 부끄럽지 않은 순간을 살 수 있다.

아름다움에도 스펙이 있나요

하루가 멀다 하고 언론을 장식하는 대학에 분 스펙 바람은 미술계에도 어김없이 불어왔다. 한 주가 시작되는 이른 오전, 미대에 부는 영 아티스트 열풍을 취재하기 위해 경제지 기자님의 전화가 왔다.

"학창 시절 스펙 관리는 어떻게 하셨나요?"

나는 약간 당황하며 살벌해진 미대 캠퍼스의 분위기를 실감했다. 해가 지날수록 캠퍼스에는 긴장감이 무겁게 깔린다. 84년생 03학번인 내가 학교에 다니던 때만 해도 졸업 작품으로 미술시장에서 눈에 띈다는 것은 생각지도 못한 일이었다. 지금은 마켓이 점점 접근성 좋은 가격의 참신한 젊은 작가들에게로 눈을 돌려 아티스트의 평균 연령을 낮추는 상황이다. 학창시절

배운 것을 보여주는 정도의 졸업 작품도 미술시장에 만연한 포퓰리즘과 속도의 희생양이 된 것이다. 4학년들이 졸업전시회를 미술시장에 데뷔하는 등용문으로 삼아 신데렐라가 되기 위해 마치 한 컷의 광고처럼 눈에 띄는 이미지들로 사활을 거는 모습을 어렵지 않게 볼 수 있다.

문제는 그만큼 포기도 빠르다는 것이다. 오랜 기간 미술계에서 인고의 시간을 겪어 온 선배들은 알아주는 이가 없어도 묵묵히 작업에 열중했다.

최근 화단에 급속하게 번진 속도주의는 묵묵한 시기를 인고할 여유마저 앗아가고 있다. 졸업 작품을 아무도 주목하지 않는다고 해도 앞으로 고민하고 그려나갈 날들이 수십 년이나 더 남았다. 좋은 갤러리 눈에 띄어 전시하는 친구들을 보며 의욕을 잃고 쉽게 신념을 버

리는 모습을 보고 있노라면 안타깝기도 하다.

여러 해에 걸쳐 수많은 인턴 이력서를 받고 편집부 인력을 충원하기 위해 면접에 참석했다. 기업이 원하는 상품으로 자신을 포장한 이력서를 보면서 이런 종이 한두 장을 만들기 위해 얼마나 대학시절을 팍팍하고 건조하게 말렸을까 생각하니 우울해졌다. 가격표가 붙길 기다리듯 자신의 가치를 결정지을 연봉의 조건을 만들기 위한 작업으로 대학시절은 낭만보다 경쟁이 우선이 된 것이다.

스펙에 연연하는 세태를 보면 저 포트폴리오가 정말 자신의 언어인지도 의문스럽다. 타인이 바라는 조건에 맞추느라 실력보다 반짝 하는 가시적인 결과만 내다보니 그림마저도 학원에서 단기간 만들어낸 토익 성적처럼 실력과 스펙의 괴리가 크다. 획일화된 스펙에 집착하느라 자신이 원하는 가치를 실현하는 실력을 간과하는 경우가 많다.

대학시절, 내가 이 일을 얼마나 사랑하는지 지독하게 탐닉해보고 싶었다. 스스로 질릴 때까지. 여느 강의실처럼 미대 실기실도 종강 때가 되면 밤을 밝히는 학생들로 북적이지만, 교수님 앞에서 진행되는 작품 평가가 끝나면 언제 그랬냐는 듯 썰물처럼 빠져나간다. 나는 방학 때에도 마치 종강을 하루 앞둔 학생처럼 며칠 밤을 새우며 그림을 그리고 관련 서적을 읽으며 내가 이 일을 얼마나 사랑하는지 스스로 묻고 확인했다.

점수를 1순위로 둬봐야 화가를 꿈꾸는 나에게 정작 중요한 결과가 아니었다. 학점을 잘 받으려 그림을 그리지도 않았고, 학교라는 울타리를 벗어나 활동할 때 무서운 내공으로 무장한 장인이 되기 위해 걷고 또 걸

었다.

획일화된 교육과정을 12년이나 거치고 온 나에게 하고 싶은 공부를 마음껏 할 수 있는 것은 대학시절의 가장 큰 행복이었다. 이 시기가 아니면 읽고 싶은 책을 마음껏 읽고 좋아하는 일에 원 없이 빠져볼 시간이 삶에서 다시 찾아오지 않을 것을 알고 있었다.

근시안적인 목표보다 막연하게 희구하는 먼 미래를 더 자주 상상하는 것은 일상의 작은 희망이자 즐거움이었다. 남들이 중요하다고 하는 점수보다 나만 알 수 있는 내공이 더 중요했던 까닭에 닥치는 대로 그리고, 읽고, 많은 작가 멘토를 찾아 나섰다.

아르바이트도 실습에 도움이 될 만한 도슨트작품설명요원를 하며 갤러리에서 많은 관객을 만날 수 있었다. 돈이나 추억보다 내가 공부하는 데 도움이 되는가가

Sealed Smile
2010 장지에 채색 60.5×50cm

스펙 쌓는 모범생보다
궁극을 찾아나서는 융통성 없는 탐험가가
많아졌으면 좋겠다.
정말 좋아하는 무언가에 한번
미쳐보지도 못한 20대는 허무하지 않은가.

캠퍼스 벤치에,
도서관에,
풀잎 사이에도
스펙보다 깊이 탐닉할 것은 많다.

대학시절 소중한 시간을 투자하는 절대기준이었다. 3학년이 되던 해에 동기와 후배들과 '이·소·아ESOA' 라는 스터디그룹을 만들어 1년간 20명에 가까운 작가 작업실을 찾아가 인터뷰를 했다. 스물셋 대학생이 바라본 작가들을 콘셉트로 출간한《예술가에게 길을 묻다》이·소·아 공저는 타 대학 수업의 추천도서로 소개되기도 했다. 배움의 욕구가 강한 스터디그룹 멤버들의 열정을 증명하는 소중한 결과로 남았고, 그림을 그리든 책을 읽든 작가를 만나든 그 순간에 충실했다.

그맘때 나는 인문주의적 소양이 갖춰지지 않은 작품은 오래갈 수 없다고 생각했다. 생명력이 긴 글과 그림을 남기기 위해, 내 작품이 시간을 초월하고 살아 숨 쉬는 진언이 되도록 하기 위해서는 명료한 작가 철학과 현실을 진단하는 냉정한 시선, 시대의 화

두를 끌고 가는 혜안이 필요했다. 그 혜안은 주로 책에서 얻었다.

대학시절 어떻게 스펙을 쌓았는지 묻는 기자님에게 나는 학창시절 이야기와 요즘 활동하는 이야기 그리고 화단의 분위기를 이야기했다. 그러다 보니 자연스럽게 그 시절 내가 어떻게 오늘을 준비해왔는지 정리할 수 있었다. 돌아보면 융통성도 요령도 없는 학창시절이었다. 하지만 나는 캠퍼스에 진짜처럼 보이지만 진짜가 아닌 결과물을 쌓아가는 스펙의 모범생보다 궁극을 찾아나서는 융통성 없는 탐험가들이 많아지길 바란다. 독서를 하지 않는 만큼 고민이 얕아지고 진중함이 없어져 대학생활에 끌려 다니는 후배들보다 때론 투쟁하고 때론 쟁취하며 궁극의 나를 찾아가는 후배들이 더 보고 싶다.

기꺼이 하고 싶은 일에 청춘을 던지는 대학가의 '바보'들이, 과제를 제출한 다음 날에도 미래의 과제를 위해 공부하는 젊음이 좋다. 정말 좋아하는 무언가에 한번 미쳐보지도 못한 20대는 허무하지 않은가. 좋아하는 일은 끝장을 보고, 뜬구름 잡듯 타인의 주변을 배회하기보다 오직 살아 있는 정신으로 궁극을 향하는 젊음이 나는 너무나 좋다.

캠퍼스 벤치에, 도서관에, 풀잎 사이에도 스펙보다 깊이 탐닉할 것은 많다.

청춘의

특권

▼ 초원을 이루기 위해서는 꿀과 클로버가 있어야 한다. _에밀리 디킨슨

불현듯 감성의 온도가 유난히 뜨거웠던 학창시절이 떠오를 때가 있다. 여느 미대생들처럼 두렵지만 절실한 가치를 추구했던, 재능에 대한 고민이 지배적으로 삶을 흔들었던, 그래서 오직 그림밖에 없는 것처럼 막연하고 간절하게 미래를 희구했던 시절 말이다. 잡히지 않는 꿈의 영역에 점철되었지만, 막연하다고 해서 붓을 놓고는 살 수 없을 것 같았던 시기. 치기어린 순수로 '아주 먼 미래'와 '오직 이 순간'을 살아가던 미대생 시절은 어느 작가들의 기억 속에나 아련한 열정의 향수로 남아 있을 것이다.

영화 〈허니와 클로버〉는 미대생의 신분으로 젊음을

살아가는 미술학도 다섯 명의 사랑과 그림 이야기를 담은 청춘멜로물이다. 실기실에서 웃고 떠들고 사랑하고 다투며 어느 집단보다 끈끈하게 서로의 삶에 깊이 침투하지만, 정작 가장 예민하게 벽을 두르고 자신의 세계를 지켜야 하는 사람들이 미대생임을 영화에서도 어렵지 않게 느낄 수 있다. 각기 다른 개성과 한 음정 다른 시각으로 세상을 바라보는 이들의 행로에는 미대 출신이라면 누구나 한 번쯤 있었을 법한 공감이 가는 스토리들이 실타래처럼 엮여 있다.

공모전을 위해 그림을 바꾸라는 교수의 말을 귓등으로 들으며 갈등하다가 결국 하고 싶은 대로 그려 재끼는 제자가 있는가 하면, 대형 갤러리의 패권주의를 고스란히 드러내며 작품을 쇼윈도의 상품으로 취급하는 갤러리스트들, 고가에 팔려나간 자신의 작품을 돈

다발이라 폄하하며 몰래 태워버리는 '바보'도 등장한다. '나는 미술에 소질이 있는 것일까?'라는 때늦은 자문으로 자괴감을 느끼고, 실기실 한 켠에 재능 있는 동기 그림에서 경외감을 갖는 일이나 그림에 반해 사람을 사랑하게 되는 캠퍼스의 로맨스가 마치 기억의 태엽을 되돌리는 듯 먹먹하다. 실기실이 안방이라도 되는 양 졸업도 미룬 채 낡은 작업복 차림으로 며칠 밤을 밝히는 복학 장수생 선배와 엉뚱한 작업을 벌려놓는 4차원 친구, 복도에 늘어놓은 캔버스 때문에 걸음을 옮기기도 힘든 미대의 풍경은 꿈을 먹고 자라나는 거대한 낭만의 숲과 같다.

낭만의 숲에 어둠이 어수룩하게 내리면 미술학도들은 건물 밖으로 나가 낡은 불판 위에 차갑고 부들부들한 고기를 올리기 시작한다. 지나가던 선후배와 동기

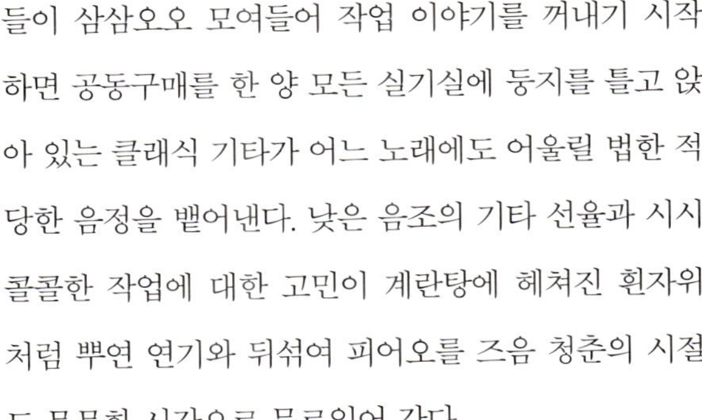

들이 삼삼오오 모여들어 작업 이야기를 꺼내기 시작하면 공동구매를 한 양 모든 실기실에 둥지를 틀고 앉아 있는 클래식 기타가 어느 노래에도 어울릴 법한 적당한 음정을 뱉어낸다. 낮은 음조의 기타 선율과 시시콜콜한 작업에 대한 고민이 계란탕에 헤쳐진 흰자위처럼 뿌연 연기와 뒤섞여 피어오를 즈음 청춘의 시절도 묵묵한 시간으로 무르익어 간다.

아무 이유 없이 바다에 가자며 물감이 범벅된 중고차에 후배들을 태우고 바다를 찾아 나선 길, 석양의 붉은 혀가 수평선을 집어삼키고 있는 해변에서 "청춘 만세!"를 외치는 미술학도들의 모습은 영화의 백미다. 백사장에서 "청춘 만세!" "나는 최고!"를 외쳤던 미술학도들 중 누군가는 성공작가의 반열에 올라서게 되고, 누군가는 하루 살기 바쁜 생활인이 되거나 붓을 꺾고 방향을 틀게 되겠지만, 청춘이란 누구에게나 꿈꿀 수 있는 권리를 허락하며 공평하게 찾아오는 선물이다.

한계를 모르던 시절의 파스텔 톤 청춘예찬은 눈물로 범벅된 실패마저 아름답게 명멸하는 것인지 모르겠다. 나이에 'ㅂ'이 들어가기 시작할 무렵, 건조하게 사람을 사랑할 수 있는 것도 젊은 날 모든 것을 던져 사랑해본 이후부터다. 사람과 세상에게 받은 상처로, 매몰차게 생채기 난 가슴으로 토악질을 하고 난 후부터 건조하고 무딘 가슴만 상처받지 않는 길임을 깨닫게 되는 것이다.

수평선의 낙조가 순식간에 빛을 앗아가듯 세월은 빠르게 청춘을 앗아가지만, 30대를 경험하기 이전 웃음도, 눈물도 많았던 시기의 순수가 간헐적으로 그리울 때가 있다.

낡은 작업실의 가난을, 방향도 제대로 못 잡으면서 정신없이 페달만 밟아대는 어리숙한 열정을, 팔리지 않는 캔버스에 쌓아 올려지는 순수를, 돈과 타협한 작품을 홀연 태워버릴 수 있는 어리석은 객기를, 밤새 마르지 않는 팔레트의 테라핀 냄새를, 관심 밖에 놓인 화두에 육체를 던지는 바보 같은 에너지를 미욱하게 이해하고 싶은 순간 말이다.

답이 없는 기로에서 좌초하고 부딪치고 멍이 들어도, 청춘에는 그 모습 자체로 걸어가는 의미를 대신하는 행복한 이야기가 있다. 젊음을 이루는 모든 순간은 그래서 아름답다.

"어릴 때부터 생각했던 건데, 사람은 왜 그림을 그리는 걸까?"

한계를 모르던 시절의 파스텔 톤 청춘예찬은
눈물로 범벅된 실패마저 반짝이게 한다.

Sealed Smile
2011 장지에 채색 30×100cm

"그리고 싶으니까. 그리지 않고서는 견딜 수 없으니까.

그건 '사람은 왜 사는 걸까?'라는 질문과 같은 거야."

_〈허니와 클로버〉 중에서.

한 폭의
동양화에
취하는 법

▼

▼ 한 시대를 풍미한 천재가 있다. 조선 후기 문화를 일신한 이견이 없는 천재 추사 김정희는 서화가이자 문신, 문인, 금석학자로 활동했던 조선 최고의 엘리트였다. 뛰어난 재기로 병조참판과 성균관 대사성까지 이르렀던 시절, 붓이 닿는 곳마다 기교와 힘이 넘쳐났던 추사는 예상치 못한 당쟁에 휘말려 제주도 유배 길에 오르게 되었다.

끝나지 않을 것 같은 육지를 지나 바다를 건너 당도한 제주도는 분명 화려했던 현실과는 동떨어진 이역의 땅이었을 것이다. 재기와 지성으로 무장한 자존심 강한 천재가 맞닥뜨려야 했던 유배의 고통은 감당하기 힘든 무게였을 것이 틀림없다. 달빛조차 어수룩한 응달진 초가에서 세찬 바람을 맞으며 병과 분투하고 있을 때, 허연 발톱을 세우고 달려드는 파도는 수없이 신

필의 가슴을 할퀴길 반복했을 것이다.

막역하던 사람들마저 허무하게 발길이 끊긴 메마른 땅에서 삶의 지난 영광이 책갈피 낙엽처럼 바스라질 때, 유배지인 제주도를 오가며 추사에게 서적을 구해다주고 추사의 그림을 중국에 알린 제자가 있었다. 사제지간의 의리를 저버리지 않고 한 번 찾기도 힘든 거리에서 스승을 모신 역관 이상적. 제자의 마음에 감동한 추사는 이상적의 인품을 비유한 그림을 그에게 선물한다.

"날씨가 추워야 송백의 푸르름을 안다."

간결한 필치로 그려진 〈세한도〉에는 작은 집 주변에 작지만 강직한 위용으로 서 있는 소나무 네 그루가 담겨 있다. 가장 차가운 세월을 그린 그림을 의미하는 이 작품에는 제자를 향한 마음뿐 아니라 곧은 선비정신으로 인식의 중량을 지탱하고 유배의 시련을 이겨내려는 학자의 마음까지 고스란히 배어 있다. 홀로 향기를 뿜는 매화처럼 강직한 조선 문인화의 정수로 평가되는 〈세한도〉는 그 질곡한 행로를 이해하며 붓의 흔적을 따라갈 때 더욱 깊은 향에 취할 수 있다.

"사랑하면 알게 되고, 알면 보이나니, 그때 보이는 것은 전과 같지 않으리라知則爲眞愛 愛則爲眞看 看則畜之而非徒畜也"는 정조 때의 문인 유한준의 말처럼 동양화는 그 안으로 침잠하고 알아갈수록 깊은 맛을 느낄 수 있는 예술이다.

강직한 조선 문인화의 정수로 평가되는 〈세한도〉는 우여곡절 끝에 일본 경성제국대학 교수 후지즈카 치카시에게 넘어가게 되는데, 타국 땅에서 움직이지 못할

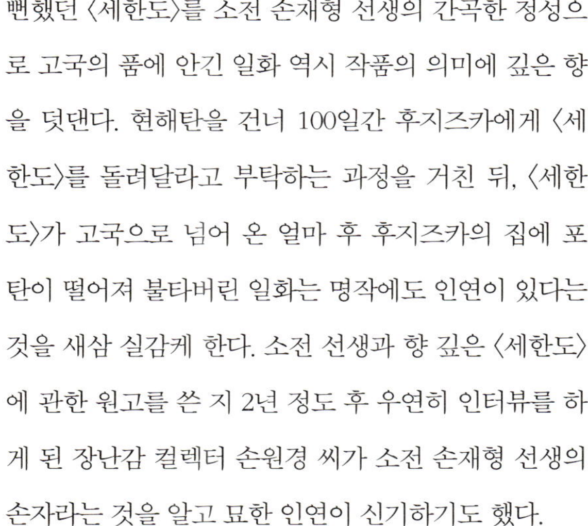

뻔했던 〈세한도〉를 소전 손재형 선생의 간곡한 정성으로 고국의 품에 안긴 일화 역시 작품의 의미에 깊은 향을 덧댄다. 현해탄을 건너 100일간 후지즈카에게 〈세한도〉를 돌려달라고 부탁하는 과정을 거친 뒤, 〈세한도〉가 고국으로 넘어 온 얼마 후 후지즈카의 집에 포탄이 떨어져 불타버린 일화는 명작에도 인연이 있다는 것을 새삼 실감케 한다. 소전 선생과 향 깊은 〈세한도〉에 관한 원고를 쓴 지 2년 정도 후 우연히 인터뷰를 하게 된 장난감 컬렉터 손원경 씨가 소전 손재형 선생의 손자라는 것을 알고 묘한 인연이 신기하기도 했다.

동양화 붓을 처음 잡았던 고교시절부터 그 의미를 알아갈수록 점점 깊은 향을 알려주는 동양화가 무척이나 매력적이었다. 겸재와 오원, 혜원, 단원, 추사를 비롯한 수많은 예인들의 화폭을 읽어나가며 동양화의 향

결
2006 장지에 먹 163×130cm

문인화가 가진 강직함과 진정성.
그 겸손함으로 무장된 인식의 깊이를 어떻게 헤아릴 수 있을까.
시간을 붙들고 마는 한 폭의 동양화 향기에 도취된다.

취에 깊이 빠지곤 했다. 작품에 얽힌 화가의 행적이 더욱 의미를 더하는, 알수록 보이는 동양화의 정수를 폐부 깊숙이 느낄 수 있는 기회는 가끔 기획전으로만 모습을 드러내는 간송미술관에 소장되어 있다. 간송미술관은 '바보'처럼 문화를 지켜낸 조선 최고의 갑부 간송 전형필이 설립한 역사 깊은 미술관으로, 겸손하고 깊은 한국적인 맛이 가장 소박하게 밴 우리나라 최고의 미술관이다.

기획전이 열리는 가을 깊은 계절, 간송의 고즈넉한 마당을 걷노라면 일생을 문화재 수탈을 막아내며 문화재 보호의 수장으로 망국의 설움을 씻어낸 컬렉터 전형필의 진정성이 느껴지곤 했다.

문인화가 가진 강직함과 진정성, 그 겸손함으로 무장한 인식의 깊이를 어떻게 다 헤아릴 수 있을까. 조금

이라도 여유 있는 시간을 붙들고야 마는 한 폭의 동양화의 향기에 나는 다시금 진정성에 관한 의미를 환기한다.

눈앞의 가치가 아닌, 시간을 초월하는 강직한 가치의 정수는 시간의 흐름과 상관없이 사람의 마음에 은은한 매화 향기 같은 감동을 전한다. 삶의 어떤 부분이든 문인화 한 폭 같은 가치를 강직하게 지켜나갈 수 있다면, 적어도 스스로에게 부끄럽지 않은 순간을 살 수 있지 않을까 싶다.

〈세한도〉나 간송미술관 같은, 변치 않는 아우라를 품는.

샤넬을 갖고 싶다

무엇과도 바꿀 수 없는 존재는 늘 달라야 한다.

_가브리엘 샤넬

영화배우 김영호 오빠와 압구정의 햇살 좋은 카페 테라스에서 차 한잔 마시던 날이었다. 오빠와 나는 그림을 가르치고 배우는 사제지간으로 만났다.

보드라운 햇살에 반질거리는, 드문 디자인의 예쁜 샤넬 램스킨 핸드백을 걸친 어린 여자가 테라스 옆에서 있는 근사한 승용차 문을 열었다. 테라스에 앉아 있던 여성들의 시선은 반짝이는 백에서 차까지 이어졌다. 여성들의 시선을 눈치 챈 것인지 영호 오빠는 남자에게 좋은 백을 선물받고 싶어 하고 좋은 차에 타고 싶어 하는 허영심 많은 여자가 너무 많다는 이야기를 꺼냈다.

나 역시 한낮에 카페에서 시간을 때우는 한량 수준의 전문성 없는 예술가 규수들을 워낙 싫어했다. 나는 적당히 지원을 받고 진지한 고민도 하지 않은 채 개인전을 멋으로 하는 여성 작가들이 문제라며 고개를 저었고, 영호 오빠는 나에게 진취적인 예술가의 마인드를 잊지 말라고 당부했다.

이처럼 진중함 없는 허영은 극도로 싫어하지만, 아이러니하게도 나는 샤넬을 선망한다.

시선을 아래로 떨어뜨린 음울한 눈빛, 창백한 여체를 드러내며 늘어뜨린 감색 드레스, 한쪽 팔을 자연스레 들어 올린 편안한 자세에서 느껴지는 몽환적인 관능미. 마리로랑생의 회화 〈코코 샤넬의 초상〉에 표현된 샤넬의 모습은 그녀의 손을 거친 스커트 한 장처럼 자유롭고 절제되었다. 한 시대를 풍미한 최고의 디자

이너, 이제는 신화로 남은 불멸의 이름 가브리엘 샤넬이 담긴 화폭은 그녀가 추구한 철학만큼 감각적이고 우아한 모습이다.

가브리엘 샤넬이 타계한 지 30년이 넘었지만, 여전히 샤넬의 브랜드는 우아함의 대명사로 인식된다. 일종의 허상의 세계인 미술계에서 근사한 샤넬백 하나를 들고 모임에 나타나는 여성을 향해 보내는 흠모의 눈길은 흥미롭기까지 하다. 남성에게는 꺼려지는 여성의 허영심으로, 여성들에게는 럭셔리함 이상으로 자리매김한 샤넬은 영화 같은 삶을 살다 간 세기의 뮤즈였으며 예술가였다. 기념비적인 명품으로 인식되는 현재의 브랜드 가치와는 달리 그녀의 삶은 출발선부터 넉넉하지 않았다.

1883년 남루한 환경에서 태어나 부모에게마저 버림

받은 샤넬은 재봉사와 카페 가수를 겸하며 신분 상승의 기회를 주시한다. 샤넬의 애칭인 코코CoCo는 당시 고급 창부들에게 흔한 별명이었다. 음습한 지하 카페에서 노래를 부르던 코코 샤넬은 부유한 남성의 정부가 됨으로써 신분상승의 출구를 찾게 되었다. 유년기의 연민이었을까. 샤넬이라는 이름에 가장 먼저 떠오르는 검정색 의상은 그녀가 자라며 착용했던 수녀복의 영향을 받은 것으로 짐작된다. 그녀의 생은 독신으로 마무리되었으나 사실상 수많은 염문설을 뿌리며 사랑과 일에 삶의 열정을 쏟았다.

상류사회에 진입한 후 디자이너로서 그녀가 보여준 행보는 혁명이었다. 남성의 시각에 의존한 섹슈얼리티를 과감히 벗어던지듯 샤넬은 허리를 옥죄고 가슴을 조이는 코르셋으로부터 여성을 해방시켰다. 그렇게 시

대는 혁명 같은 새로운 패션을 만나게 된다. 여성 패션의 전통을 파괴시킨 트렌치코트, 터들넥 스웨터, 슈트, 저지드레스, 나팔바지 등의 이른바 샤넬 스타일은 여성의 댄디즘을 창출하며 편안한 우아함을 패션계에 과감히 등장시켰다.

1955년 샤넬이 60번째 생일을 맞았을 때 가죽백에 체인을 달아 여성의 손을 해방시킨 클래식하고 우아한 샤넬 2.55 퀼팅백이 세상에 모습을 드러냈다. 수백만 원을 호가하는 가격에도 현재까지 2.55 퀼팅백은 여심을 사로잡는 대표적인 아이템이다.

"진정으로 럭셔리한 스타일이라면 편해야 한다. 편하지 않다면 럭셔리한 것이 아니다."

Sealed Smile - CHANEL
2011 장지에 채색 60×72cm

진정한 우아함은 편안한 자유로움에서 비롯한다는 진실을 밝힌 혁명가.
아무것도 가진 것 없이 가능성에 모든 것을 걸었던 이상주의자.
그리고 이상을 현실로 실현한 몽환적 리얼리스트.
나는 가브리엘 샤넬을 선망한다.

샤넬은 여성의 몸을 자유롭게 하며 '시크한 우아함'의 화두를 던졌다. 짧은 단발, 거추장스러운 천을 잘라 무릎 기장에 머물게 한 샤넬라인 스커트 등은 진정한 럭셔리는 타인의 시각에 의존한 과시성 화려함이 아니라 자유로움에서 비롯한다는 의미를 상기시켰다. 세련된 우아함과 단순성 그리고 자유로움. 이것이야말로 유행에 예민해지는 세월의 흐름에도 변치 않는 스타일을 구축한 샤넬 철학의 원류가 아닐까.

샤넬은 봄볕처럼 안온하고 우아한 여성의 표상이 아닌, 깐깐하고 예민하고 불처럼 뜨거운 '나쁜 여자'에 가까웠다. 가브리엘 샤넬과 막역했던 콕토는 그녀를 이렇게 묘사했다.

"매력적이면서 호감을 주고, 인간적인가 하면 잔인하

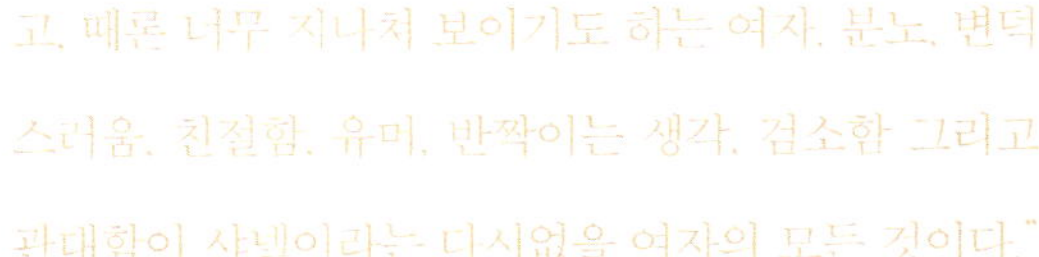

고, 때론 너무 지나쳐 보이기도 하는 여자. 분노, 변덕스러움, 친절함, 유머, 반짝이는 생각, 겸소함 그리고 관대함이 샤넬이라는 다시없을 여자의 모든 것이다."

마리 로랑생의 화폭에서 비속함이 없는 여인의 절제된 아름다움이 전해진다. 낡은 관습의 예복을 과감히 파괴하고 새로운 세계를 설계한 샤넬은 떠났지만 그녀가 남긴 철학은 유행을 넘어 불멸의 패션을 창조했다. 샤넬은 해방의 표상이다. 그녀는 현실의 문제를 기민하게 포착하고 섬세하게 작품에 표현한 예술가였다.

거침없는 언변과 과감한 사랑으로 당당하게 전통을 파괴하며 새로운 패션을 개척한 팜므파탈. 유행에 물들지 않는 스타일의 품격을 만들어낸 창조자. 진정한 우아함은 시선을 의식하는 불편함이 아니라 편안한 자유로움에서 비롯한다는 진실을 밝힌 혁명가. 아무것도 가진 것 없이 가능성에 모든 것을 걸었던 이상주의자. 그리고 이상을 현실로 실현한 몽환적 리얼리스트.

영호 오빠와 헤어진 후 집으로 돌아가는 길에 백화점의 투명한 쇼윈도 너머로 신상 샤넬백이 조명에 반사된 까만 스킨을 반짝이는 모습이 보였다. 구태의연한 장식 없이도 내밀한 우아함을 드러내는 샤넬을 나는 선망한다. 하지만 2.55 샤넬 퀼팅백을 소비하는 여성이기보다 스스로 가브리엘 샤넬이 되고 싶다.

가치의 주체가 되고 싶다.

미니멀리즘을
입은
프라다

▼

〈악마는 프라다를 입는다〉를 두 번째 보던 날, 입장이 바뀌었다는 것이 이토록 영화를 보는 관점을 다르게 만든다는 사실이 흥미로웠다. 처음 〈악마는 프라다를 입는다〉를 보았을 때 나는 막 과사무실에 출근하기 시작한 막내 조교였다. 당시에는 악명 높은 편집장의 '미션 임파서블'을 수행하는 앤드리아의 노예근성에 깊게 통감했다면, 한 매거진의 편집 최전선을 지키는 입장이 된 후에는 전설 같은 편집장 미란다 프리슬리의 카리스마에 촉이 맞추어졌다.

화려한 장식 없이 몸을 타고 흐르는 단색조의 절제된 섹시함, 선이 얇게 빠진 하이힐과 톤의 변화가 밋밋한 낮은 음조의 목소리, 영화 속 패셔저널 편집장 미란다 프리슬리는 대부분의 자의식 강한 여성들에게 깊은 인상으로 각인되었다. 안나 윈투어를 실제 모델로

하며 젊은 여성들의 눈길을 끌었던 영화를 학생의 위치에서 처음 보았을 때보다 매거진을 만드는 입장이 되어서 다시 보았을 때 한 분야의 전문가가 갖추어야 할 카리스마에 대해 적지 않은 영감을 주었음은 자명하다.

착하고 순종적인 여성에 대한 사회적 통념이 어느덧 전복의 국면으로 치닫는 시점에서, 일말의 측은지심 없이 뉴욕 한복판에서 성공적인 삶을 살아가는 '나쁜 여자'의 표상은 젊은 여성들에게 또 다른 가치의 지표를 제시하기 충분했다. 별도의 장식 없이 블랙 앤 화이트로 제한된 미란다의 엣지 있는 오피스룩은 햇병아리 촌닭 비서 앤드리아를 더욱 긴장하게 하는 장치로 작용했다. 앤드리아를 보면서 대학원 전공 조교시절 교수님들 앞에서 바짝 긴장했던 첫 오피스 생활의 내 모습이 생각나 피식 웃음이 나기도 했다.

미란다의 의상이 품고 있는 것은 침묵이 갖는 힘이다. 다툼이 있을 무렵 감정을 쏟아내며 화를 내는 연인보다 표정 없이 침묵하는 그녀에게 되레 겁을 먹게 되듯, 침묵은 때론 깊이를 알 수 없는 막연한 상상을 자극하곤 한다.

그렇게 눈빛을 감춰버리는 까만 선글라스 너머 감정의 미동조차 읽어낼 수 없는, 철두철미한 완벽주의로 무장해 차갑다 못해 시린 '악마' 미란다가 추구하는 패션은 다름 아닌 프라다다. 심플하고 상징적인 영화 타이틀에서 짐작할 수 있듯이 악마로 묘사된 미란다 프리슬리와 프라다의 연계성은 프라다가 추구하는 미니멀적인 철학에서 찾을 수 있다.

제2차 세계대전을 전후해 미술, 음악 등 문화 전반

에 맹위를 떨쳤던 미니멀은 기교를 최소화해 본질만을 표현한 리얼리티를 만들어낸다는 믿음에 근거한다. 미니멀minimal과 이즘ism의 합성어로 만들어진 단어 의미에서도 알 수 있듯이 미니멀리즘은 시각예술을 중심으로 파생되어 현재까지 다양한 장르에 영향을 미치며 유행을 초월한 진화의 양상을 보인다. 1960년대 처음 미니멀리즘 예술이 모습을 드러냈을 무렵, 일체 회화적 마티에르가 제거된 목적 없는 공산품 부속 같은 작품 외관은 단연 발칙한 혁신이었다.

미니멀리즘의 대표적인 작가이자 미술 이론가 도널드 저드는 '특수한 오브제'의 개념을 들며 오브제를 곧 대상의 본질적인 단위로 간주했다. 탁월한 이론가 도널드 저드가 천명한 이 특수한 오브제의 막연한 은유와 난해함은 당시 미술계에 논란과 비평을 몰고 오며 이목을 집중시키게 된다. 아티스트의 감정적인 면모를 찾아낼 일말의 단서도 없이 시니컬하게 회화도, 조각도 아닌 경계에 멈춰 있는 '하나의 오브제'는 당시 시대를 풍미하던 팝아트에 대비되는 순수하고 절제된 모습이었다.

갖가지 수사를 붙여 자신을 설명하기보다는 오히려 침묵으로 언어를 대신하는 도널드 저드의 〈Untitle〉. 공업용 안료로 마감된 매끈한 표면, 조형적인 배치 없이 열을 맞추어 나란히 서 있는 이른바 '오브제'들은 장르의 경계선상에서 근본의 골조만 남긴 채 더 이상의 꾸밈을 거부하는 형태다. 차갑게 마감된 외피와 겉치레 없는 뼈대는 마치 프라다를 입은 미란다 프리슬리의 절제된 카리스마를 보는 것 같다. 장식적인 드레스나 근사하게 세공된 보석으로 치장하지 않아도 절제로 일관하는 카리스마가 때론 더욱 강렬한 아우라를 발산하듯 미란다의 캐릭터는 도널드 저드의 작품 〈Untitle〉을 닮았다.

작가의 예민한 감수성과 내적 메시지가 담겨야 한다는 기존 회화의 통념을 거부한 오브제는 하나의 철학적인 의미로 확장되어 금욕주의와 종교, 음악, 패션 아티스트에 영향을 미치게 된다.

장식적인 패션이 트렌드를 지배하던 시대에 과감하게 미니멀한 컬렉션을 선보여 성공을 거두었던 셀린느의 피비 파일로, 도심 속 개인의 편리를 우선가치로 두었던 캘빈 클라인과 도회적인 블랙이 연상되는 알마니 등은 '미니멀적'인 코드로 사랑받는 대표적인 디자이너다. "가장 많은 것을 표현하는 방법은 가장 적은 것을 나타내는 것."이라 선언했던 미니멀리즘 패션의 선

봉장이자 전설적인 미니멀리스트 질 샌더 역시 단순함에서 비롯된 스타일로 '질샌더'의 브랜드칼라를 확고히 했다.

내 핸드백 속에 없어서는 안 될 일상의 일부인 아이폰 역시 감각이 절제된 미니멀리즘을 대표한다. 기계에는 젬병인 내가 다루기에도 간결하고 편한 아이폰 디자인은 별도의 장식 없이도 파워를 가질 수 있는 침묵의 힘을 느끼게 한다. 물론 남들 다 쓰는 몇 가지 어플을 제외하고는 텅 빈 액정 화면이 기계에 대한 내 무심함을 고스란히 드러내기는 하지만, 아이폰의 단순함은 기계치인 나에게도 생활에 혁명 같은 변화를 일으켰다.

본인은 미니멀로 분류되는 것을 탐탁지 않게 여겼다고 하지만, 절제된 럭셔리를 화두로 브랜드 철학을

굳건히 해온 미우치아 프라다 역시 대표적인 미니멀리즘 디자이너로 볼 수 있다. "옷은 남에게 잘 보이기 위해서가 아니라 자신을 표현하기 위해 입는 것."이라 일갈했던 철학만큼이나 프라다의 디자인은 실용적이고 심플하다. 역삼각형 로고만이 장식된 나일론 토트백, 거추장스러운 말을 아끼는 패션은 역으로 반항적인 세련됨으로 무장해 관념화된 유행 주기가 무색할 만큼의 선풍적인 지지를 받고 있으니 말이다. 프라다의 철학이 하나의 도회적인 럭셔리 아이콘이 된 것은 프라다의 디자인이 단순히 편안함을 주는 것에서 그치지 않고 내부에 감추어진 품격이 있는 까닭일 것이다.

단추가 가려진 코트와 몸매 라인을 그대로 드러내는 저지 패션, 주머니가 없는 셔츠 등은 옷장 속에서 만날 수 있는 대표적인 미니멀적 패션 코드다. 알마니

Sealed Smile
2012 장지에 채색 72×60cm

자아의 가치가 상승되고 복잡 다변해진 시대에
부딪치고 앞서나가는 '나쁜 여자'가 재조명되는 사회에서
미니멀리즘 패션이 말하는 절제와 편안함의 의미는 각별하다.

적인, 질샌더적인, 프라다적인, 곧 미니멀적인 패션은 급속하게 주기를 타는 트렌드의 변화 속에서도 매력적인 '침묵의 철학'과 맞물려 꾸준한 관심의 중심에 서 있다.

자아의 가치가 상승되고 복잡 다변해진 시대에, 때론 부딪치고 앞서 나가며 능동적으로 길을 개척하는 '나쁜 여자'가 재조명되는 사회에서 미니멀리즘 패션이 말하는 절제와 편안함의 의미는 더욱 각별하다. 겉으로 치장한 화려함이나 자신을 꾸며내는 여타의 말이 없어도 침묵이 더 많은 언어를 대신해주는 경우 그 아우라는 더욱 강렬한 잔상을 남긴다.

일일이 대답을 하는 대신에 때론 침묵이 더 많은 언어를 대신하고, 장식이 드러나는 옷 대신 무채색의 간결한 디자인이 내면에 품은 힘을 압도적으로 보여준다는 것을 알고 있기에, 나는 때때로 설명을 대신해 침묵의 힘을 선택할 때가 있다.

일일이 늘어놓아야 하는 감정적인 말 대신, 어느 강력한 순간에 이르렀을 때 세련된 침묵으로 언어를 대신하고 싶다.

그림에 흠뻑 취한다는 것

동양화과 학생들만큼 영화 〈취화선〉의 개봉을 기다린 이들도 없었을 것이다. 고3 봄이 무르익어가던 어느 주말 오전, 〈취화선〉을 보러 극장에 갔다. 당시 분당의 번화가였던 서현역은 피로가 덜 풀린 민낯을 하고 늦잠에서 깨어날 준비를 하고 있었다. 성글게 자리를 꿰어 찬 몇 안 되는 관객 때문에 극장의 공기는 더욱 서늘하게 몸을 감쌌다. 곧 적막을 뚫고 나온 오원 장승업의 삶은 순진한 열정만 가득했던 10대 미술학도의 눈에 실체를 알 수 없는 투명한 액체를 쏟아내게 만들었다. 그 후로 10년 동안 정신의 나태함을 느낄 때면 〈취화선〉을 꺼내보곤 한다.

수십 번은 시야를 거쳐 간 필름이지만 〈취화선〉에는 여전히 가슴을 뛰게 하는 환쟁이의 힘이 고스란히 배어 있다. 신필이라 불리는 하늘의 재주를 타고난 화

가. 법을 따르는 듯 벗어나며 마치 흥과 혼에 취해 미쳐버린 무당처럼 화선지에 영靈을 쏟아낸 작품들은 천민 장승업을 당대 최고의 화가로 올려놓았다.

"일 획이 만 획이고 만 획이 일 획이다."

호탕하게 막걸리를 들이키던 장승업은 오직 안에서 들끓는 환쟁이의 피로 움직였던 배포 큰 천재였다. 거지소굴 태생으로 요절할 뻔도 했지만, 일찍이 재주를 알아본 스승 김병문의 어깨너머로 그림을 배워 화가의 길을 걷게 되었다.

소년 장승업의 영민한 눈빛에는 신기가 스민 듯 비범한 기운이 돌았고, 한 번 본 그림을 모사하는 손재주는 세간을 놀라게 했다. 그러나 신묘한 손놀림에도

장승업은 화가로서 피해갈 수 없는 창작의 공허에 휘감기게 된다.

"당장의 이익과 명예에 눈이 멀어 그린 그림은 죽은 송장이나 다름없다."

스승의 꾸짖음으로 화업畫業이 쌓여감에 따라 타인의 요구대로 정체해버린 스스로에 대한 자괴감이었을 것이다. 변해야 한다는 강박으로 장승업은 홀연 삶의 안주를 벗어나 자연 저편으로 떠나곤 했다. 때론 봄빛의 산란을 온몸으로 받아내며 때론 살을 에는 추위를 힘겹게 견디며 한 폭의 수묵화처럼 아름답게 태어났다 부서지는 산하를 온몸으로 체득했다.

완성된 작품을 돌연 찢어버리거나 화선지가 방 안

Sealed Smile
2011 장지에 채색 53×45cm

두텁게 쌓아올려진 삶의 질곡 앞에 쏟아내었던 눈물을 나는 잊지 못한다.
기름진 육신이 정신을 나태하게 끌어내리는 일을 온몸으로 거부하며
자유를 향해 삶을 초월했던 화가는 어떤 의미를 남기는가.

에 가득 차고 넘치도록 그리고 다시 태워버리는 대범함으로 오직 자유와 정신의 원류가 흐르는 작품만 남겼다.

장승업은 자신의 그림에 '매화일생불매향梅花一生不賣香, 매화는 일생 동안 향을 팔지 않는다'이라고 제발을 써넣는 기생 매향과의 아스라한 인연이 있었다. 그것은 장승업의 삶에 하나의 영감이 되어 화폭에 꽃을 피우기도 했다.

자유와 풍류를 찾아 떠돌고 자리를 찾길 반복했던 장승업. 말년에 찾아온 도화서의 기회는 끓어오르는 화가의 정신을 거세하는 칼날에 불과했는지도 모른다. 차려주는 밥상을 받으며 남의 말에 손을 움직이는 행위는 화혼을 거세하는 칼날처럼 그의 정신을 포박했다. 어명도 화가의 자유를 옭아맬 수는 없었던

것이다. 장승업은 보장된 안주에서 뛰쳐나가 삐걱거리는 소반에 싸구려 욕설이 지껄여지는 주막으로, 사과 속살 같은 기생의 젖가슴으로, 울타리 없이 길을 내어주는 자연의 행로를 정처 없이 따라간다.

영화의 마지막. 어느덧 희끗한 머리가 세월의 종착역을 알려오기 시작할 무렵, 장승업은 낡은 도포를 두르고 떨리는 손으로 흰 도자기 살결에 짤막한 그림을 새긴다. 물결, 작은 배 그리고 그 작은 갑판 위에 서서 오직 술병 하나를 들고 먼 곳을 응시하는 선비의 모습. 풍류와 화혼으로 지탱해 온 한 화가의 뜨거웠던 삶을 관조하는 것 같다.

제 살을 태워내며 변화하는 가마 속 도자기를 망연히 바라보던 늙은 화가는 살아온 삶처럼 뜨거운, 정신의 온도처럼 안락한 불길 속에 육신을 돌연 태워버린다.

두텁게 쌓아올려진 삶의 질곡 앞에 쏟아내었던 눈물을 나는 잊지 못한다. 기름진 육신이 정신을 나태하게 끌어내리는 일을 온몸으로 거부하며 오직 자유를 향해 삶을 초월했던 화가는 어떠한 의미를 남기는가.

어떻게든 지름길을 찾아올라 안주에 몸을 웅크리는, 화가의 외피를 뒤집어쓴 가짜들을 향해 정체하지 않고 변화를 향해 겁 없이 몸을 내던지는 환쟁이의 호령을 나는 들었다. 시간의 지층을 뚫고 나온 〈호취도〉의 강렬한 필선이 자유롭고 괴팍했던 화가의 삶에 의미의 숨결을 불어넣는다.

풍랑이 이는 바닷길을 스스로 택하며 불멸의 가치를 남기고 오직 찬란하게 소멸하듯 기껍게 죽어버릴

수 있었던, 그렇게 생래적으로 환쟁이였던 한 인간의 삶을 나는 동경한다.

02

고독, 그래서 나는 행복하다

부딪혀야 리드할 수 있다.
도전하면서 고민하고 흐르는 시간 속에 늘 깨어 있는 정신을 품고 산다면
드라마틱한 인생소설의 주인공이 될 수 있다.

예술가도 사람이다

지나치게 짧은 생애로 타오르기도 전에 소멸되고 만 불꽃 같은 화가가 있었다. 애초부터 그에게 표현의 자유를 침해하는 관습이란 없었다. 화가는 이미 10대에 음습하고 낮은 세상 한 켠에서 살기를 선택했고, 뒷골목을 방황하며 포장마차 속의 넋두리 같은 이야기를 곳곳에 풀어놓았다. 정제되지 않은 화가의 손놀림은 빛바랜 담벼락, 시멘트에서 생명을 얻어 피어났고 강력한 에너지는 콤플렉스를 지닌 어린 화가를 세상의 중심으로 이끌었다.

백인이 점유하고 있던 당시 미술계에 검은 피부를 가지고 등장했던 낙서 소년에게는 '검은 피카소', '흑인의 영웅'과 같은 수식어들이 따라붙었다. 저명한 언론들이 혜성처럼 등장한 흑인 피카소를 대서특필했고, 그가 모습을 드러낼 때마다 대중은 그를 '최연소 스타'

로 칭송했다. 휘트니비엔날레, 카셀도큐멘타 같은 굴지의 전시에 등장하며 스타가 된 청년에게 팝아트의 전설과도 같던 앤디 워홀은 어느덧 그와 어깨를 나란히 하는 친구가 되었다.

그러나 가난하게 살아가던 청년의 삶을 갑작스레 치장한 액세서리는 그를 스타로 내버려두지 않았다. 세상은 가난하고 어린 흑인 화가의 성공을 자극적으로 부추겼지만 백인 주류 사회의 벽은 결국 그의 가슴을 외롭게 태우길 반복했다. 'Samo'라는 비속어 사인을 남기며 벽을 캔버스 삼아 낙서하기를 좋아했던 청년은 갤러리스트들의 접근으로부터 자유롭지 못했고, 빈민가 친구들은 성공한 그의 곁을 떠나갔으며, 첫눈에 반했던 사랑은 돈과 명예 앞에 미지근하게 식어갔다. 현실의 화려함은 삶을 조롱하듯 차츰 청년의 목을 죄었다.

자신을 포장하면서도 비판하던 언론과 대중의 주목 속에 말 못할 외로움을 앓던 화가가 마음을 의지했던 친구는 워홀이었다. 그러나 스승처럼, 친구처럼 까만 화가의 곁에서 예술을 교류했던 친구는 어느 날 갑작스럽게 차가운 주검이 되고 만다.

예민한 감성으로 살아가던 예술가의 가슴은 황폐해져 갔다. 영혼을 잃은 후 코카인으로 고단한 마음을 침상에 누이길 반복하던 화가는 고작 스물일곱 해를 살다 마약 중독으로 생을 정리하고 말았다.

살아 있었다면 중년의 화가가 되어 있을 그는 도발적인 눈빛을 한 청년 화가의 모습만을 사람들의 기억 속에 각인시킨 채 영원한 자유를 택했다. 관습을 비웃던, 자유를 갈망하던, 정제되지 않은 순수한 반항을 거침없이 쏟아내던 스물일곱의 외로웠던 화가.

Sealed Smile
2012 장지에 채색 60×72cm

나는 굳이 아픈 삶으로 아픈 그림을 남기기는 싫다.
그리고 일생을 걸어야 할 예술가의 길이 되도록 짧지 않았으면 좋겠다.
오래 살면서 환희와 눈물 같은 생의 감정을 낱낱이 겪고 표현하고 싶다.

1960년에서 1988년까지 살았던 빈민가의 영웅, 사람들은 그를 장 미쉘 바스키아라고 부른다. 유독 미술사에는 요절과 자살, 질병과 고독으로 고통받던 대가들이 많다. 때때로 성공한 이후보다 무명시절의 작품이 더욱 마음을 울리는 작가도 있지만, 여전히 드라마틱한 죽음이 곧 작품의 예술성과 등치를 이룰 것이라는 막연한 기대가 만연한 느낌이다.

장 미쉘 바스키아, 까미유 끌로델, 키스 해링, 세라핀 루이, 모딜리아니, 빈센트 반 고흐, 마크 로드코, 베르나르 뷔페, 이중섭, 나혜석, 오윤, 이인성, 권진규 등 셀 수 없이 많은 작가가 정신분열과 가난, 질병, 자살 등으로 비극적인 결말을 맞았다. 어느 직업군보다 생활의 격차가 큰 예술가의 삶에는 안전망도 없다. 그만큼 예술계 선학들의 삶은 아팠다.

천재로 태어난 숙명으로 화폭에서 고통스럽게 의미를 찾아나간 예술가들의 시간을 부정하는 것은 아니다. 하지만 굳이 예술가의 비극에서 작품성을 반추하는 습관이 횡행하는 것은 가슴 아픈 일이다. 화가를 평가할 때 중요한 가치 기준은 작품이 되어야 할 텐데, 그리고 그 이후에 따라오는 것이 화폭과 떼어놓을 수 없는 삶의 궤적일진대, 고통이 먼저 주목받아야 하고 삶의 감추고 싶은 이면들까지 낱낱이 파헤쳐져야 하는 예인의 삶은 때론 내 가슴이 다쳐 터지는 것처럼 아프다.

나는 굳이 아픈 삶으로 아픈 그림을 남기고 싶지 않다. 그리고 일생을 걸어야 할 예술가의 길이 되도록 짧지 않았으면 좋겠다. 오래 살면서 삶의 환희와 눈물, 남들이 느끼는 생의 시간별 감정을 낱낱이 겪고 표현해나가며 더 많은 작품을 그리고 쓰고 관객을 만나고 싶다. 생의 끝에 피어날 작품들은 나 자신에게도 미지의 세계다. 그 시절의 작품들을 확인하며 드라마틱한 환경으로 포장하기보다 모든 시절의 진실한 알맹이가 작품에 알알이 열매를 맺는 예인의 삶이었으면 한다.

예술가의 삶에 굳이 이겨내기 힘든 고통이 담기길 바라지는 말기를.

그들도 사람이다.

상처가
화혼이
되다

▼

나의 평생소원은 세 가지. 디에고와 함께 사는 것. 그림을 계속 그리는 것. 혁명가가 되는 것이다.

_프리다 칼로

황량한 땅 위에 서서 온몸에 못이 박힌 채 화면 밖을 응시하는 여인. 힘없이 젖가슴을 내놓은 유약한 여체, 으스러진 척추를 지탱하는 압박 벨트는 오히려 생을 상대로 분투하는 전사의 군복에 가까웠다. 일곱 살에 소아마비를 앓았던 것으로 모자라 열여덟의 나이에 강철봉이 척추와 골반을 뚫고 나가는 사고를 겪어야 했던 재기어린 소녀는 몸을 일으킬 수 없어 병상에 누워 붓을 잡아야 했다. 예고 없이 찾아온 일련의 사고는 곧 범인이 아닌 예술가의 숙명을 받아들여야 하는 운명 앞으로 그녀를 내몰았는지도 모른다.

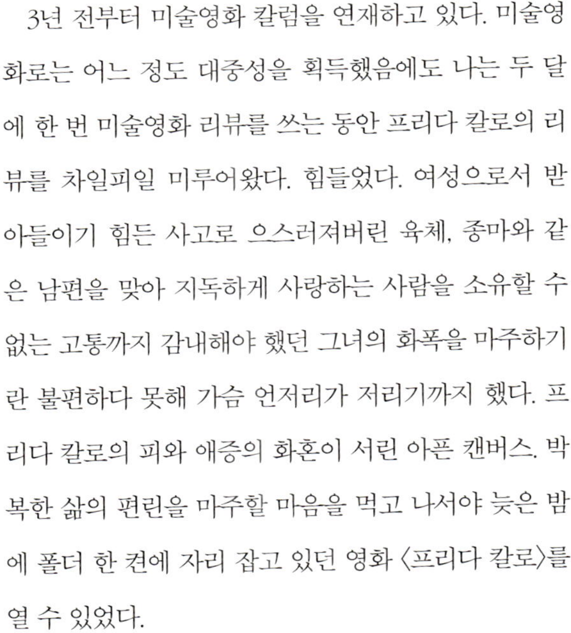

3년 전부터 미술영화 칼럼을 연재하고 있다. 미술영화로는 어느 정도 대중성을 획득했음에도 나는 두 달에 한 번 미술영화 리뷰를 쓰는 동안 프리다 칼로의 리뷰를 차일피일 미루어왔다. 힘들었다. 여성으로서 받아들이기 힘든 사고로 으스러져버린 육체, 종마와 같은 남편을 맞아 지독하게 사랑하는 사람을 소유할 수 없는 고통까지 감내해야 했던 그녀의 화폭을 마주하기란 불편하다 못해 가슴 언저리가 저리기까지 했다. 프리다 칼로의 피와 애증의 화혼이 서린 아픈 캔버스. 박복한 삶의 편린을 마주할 마음을 먹고 나서야 늦은 밤에 폴더 한 켠에 자리 잡고 있던 영화 〈프리다 칼로〉를 열 수 있었다.

서른다섯 번의 수술에 만신창이가 되어가며 모성의 본능마저 허락되지 않는 육체를 이끌고 한 남자를 사랑한 여인의 고통은 시종일관 빼근하게 시선을 누르고 지나갔다. 어느덧 멕시코를 대표하는 예술가의 이름으로 남아 맹위를 떨치는 화가 프리다 칼로가 아닌 한 여인으로서 프리다의 삶은 처절함에 가까웠다.

스물한 살 연상에 당대를 풍미한 벽화가였던 디에고 리베라는 두 번의 이혼을 거치고 맞이한 아내 프리다에게 위안의 존재이기보다 애증의 대상이었다. 생전 "나의 평생소원은 단 세 가지, 디에고와 함께 사는 것, 그림을 계속 그리는 것, 혁명가가 되는 것이다."라 일갈했던 만큼 남편 디에고를 향한 사랑이 각별했던 여인이었지만, 계속되는 남편의 외도에 질투와 분노, 상실로 점철된 시간을 앓아야 했다. 영혼의 반쪽이라 믿으며 절실하게 사랑하는 사람이 마음을 기만하는 고통, 그러면서도 그가 없으면 살 수 없는 마음은 화해하

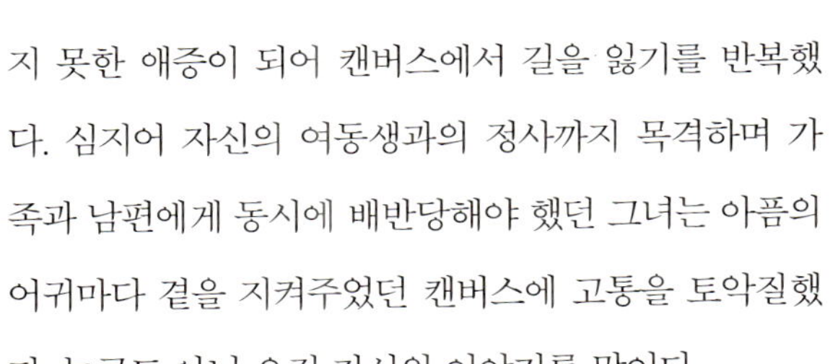

지 못한 애증이 되어 캔버스에서 길을 잃기를 반복했다. 심지어 자신의 여동생과의 정사까지 목격하며 가족과 남편에게 동시에 배반당해야 했던 그녀는 아픔의 어귀마다 곁을 지켜주었던 캔버스에 고통을 토악질했다. 누구도 아닌 오직 자신의 이야기를 말이다.

프리다에게 씨줄 날줄 엮인 캔버스의 부연 평면은 생을 관통하는 고통의 마취제였다. 세 번의 유산과 몸을 지탱하지 못하는 척추의 고통, 디에고를 향한 사랑과 원망이 몰고 오는 진통을 멎게 해주는 마취랄까. 따뜻한 어둠이 드리워진 자궁 속으로 몸을 웅크리듯 지루하게 그녀의 발목을 놓아주지 않는 침상에서 프리다는 수많은 자화상을 그려냈다.

디에고의 여성 편력 혹은 혁명가 트로츠키에게 잠시 연모의 감정을 느낀 프리다를 향한 디에고의 배신

감 때문이었는지 프리다와 디에고는 예정된 파국을 맞게 되지만, 얼마 후 다시 서로의 품을 찾게 된다. 고향 코요아칸에서 보내는 이들의 모습은 여느 다른 시절보다 편안해 보이기도 했다. 프리다는 당대 유명 벽화가의 아내가 아닌 화가 프리다로서의 입지를 굳혀가고 있었고, 육신의 한계가 위협할 때마다 집요하게 남은 에너지를 화폭에 쏟아냈다.

그즈음 프리다의 병세는 본격적으로 악화되기 시작한다. 한쪽 다리를 절단한데 이어 폐결핵, 신장병 합병증까지 겹친 상태에서 프리다는 생애 처음이자 마지막 개인전을 열게 되었다. 침상에 누운 상태로 개막식에 참석해 축배를 드는 프리다의 웃음, 그 위를 흐르는 라틴음악의 멜로디가 짐짓 처연하기까지 하다. 영화 〈프리다〉의 음악을 아우르는 차벨라 바르가스, 카에타

노 벨로조, 릴라 다운스의 묘한 멜로디는 화려한 민속 의상에 감추어진 육신의 상흔처럼 흥겹지만 처연하다. 그래서 더 아팠다.

"이 외출이 행복하기를. 그리고 다시 돌아오지 않기를."

마지막 한 줄의 일기를 남기고 격랑의 세월을 동석했던 연인이자 동료이자 이념의 기둥 혹은 절망과 고통이었던 디에고의 품에서 그녀는 생을 마감했다.

고통에 저당 잡혔던 프리다의 47년 7일의 삶이 마무리되는 장면을 타고 카에타노 벨로조의 〈burn it blue〉가 흐르며 그녀의 자화상이 지나간다. 방울방울 고통이 맺혀 있지만 굳게 다문 입술과 눈빛은 강렬하다. 생

Sealed Smile - FAKE
2012 장지에 채색 60×72cm

굳이 예술의 영역이 아니더라도,
상처와 고통이 가치 있는 결정체로 남는 경우가 있다.
프리다 칼로의 삶도 그러했다.
그 결정체는 고단한 사람의 아픔이 단지 고통으로 끝나는 것이 아님을
서글프게 위로하곤 한다.

을 관조하는 거울 안에서 소리 내어 울지 않고 담담하게 감정을 역설하는 그녀의 고통이 되레 아프다. 나는 그녀와 눈을 오래 마주치지 못하고 이내 눈길을 피하고 말았다.

아픈 사랑인 줄 알면서도 그 사랑의 기별을 미소로 맞이하며 다쳐갔던 여인. 육신의 고통을 진실하게 담아가며 존재를 확인했던 화가. 상처로 터져나간 피가 뚝뚝 떨어지고 번져 몽우리를 틔운 캔버스는 고통을 먹고 자란 것처럼 강렬한 에너지를 품고 한 여인의 고단했던 삶이 죽음으로 좌초된 것이 아님을 증명한다. 굳이 예술의 영역이 아니더라도 상처와 고통이 가치 있는 결정체로 남는 경우가 있다. 프리다 칼로의 삶도 그러했다. 그 결정체는 고단한 사람의 아픔이 단지 고통으로 끝나는 것이 아님을 서글프게 위로하곤 한다.

라틴음악과 뒤엉킨 영화의 먹먹한 여운이 채 가시지 않을 무렵, 짙은 눈썹에 관능적인 미소를 엷게 띤 여인이 절실하게 붙들어 온 지상의 황량한 풍경을 지나 외출하는 모습을 보았다. 오직 타오르는 화혼을 잉태한 캔버스만 남긴 채.

이 외출이 행복하기를. 그리고 다시 돌아오지 않기를.

아픈 과거와 화해하는 법

▼

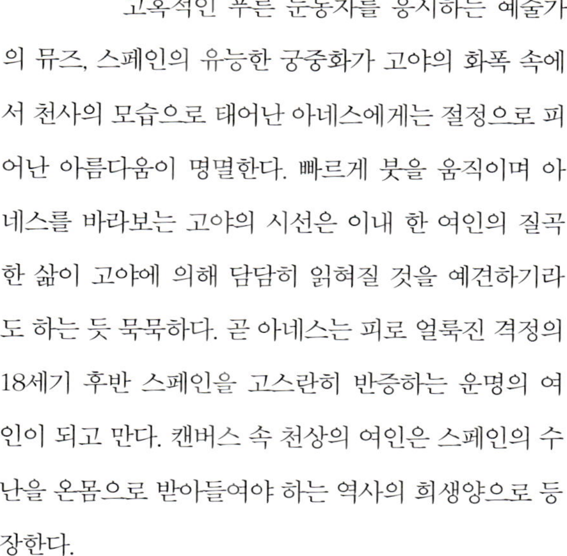

고혹적인 푸른 눈동자를 응시하는 예술가의 뮤즈, 스페인의 유능한 궁중화가 고야의 화폭 속에서 천사의 모습으로 태어난 아네스에게는 절정으로 피어난 아름다움이 명멸한다. 빠르게 붓을 움직이며 아네스를 바라보는 고야의 시선은 이내 한 여인의 질곡한 삶이 고야에 의해 담담히 읽혀질 것을 예견하기라도 하는 듯 묵묵하다. 곧 아네스는 피로 얼룩진 격정의 18세기 후반 스페인을 고스란히 반증하는 운명의 여인이 되고 만다. 캔버스 속 천상의 여인은 스페인의 수난을 온몸으로 받아들여야 하는 역사의 희생양으로 등장한다.

〈아마데우스〉, 〈발몽〉을 연출한 거장 감독 밀로스 포만은 일찍이 관심을 가졌던 화가 고야를 기록자로 앉혀 영화를 읽어가도록 장치한다. 영화 〈고야의 유령〉

은 '프란시스코 고야'라는 제3의 모호한 시선에 의해 증언된 18세기 스페인의 역사적 트라우마를 당대 비극을 상징하는 한 여인의 삶을 통해 드러낸다. 상처의 숙명을 예기치 않게 경험해야 하는 운명의 여인에 대한 호기심이었을까, 혹은 연민이었을까. 나는 자신의 잘못도 의지도 아닌 상황에서 찾아온 상처를 경험해야 하는 삶의 트라우마를 바라보고 싶었다.

식당에서 돼지고기를 먹지 않았다는 이유로 악명 높은 스페인 종교재판소로 회부된 여인 아네스는 고문에 의해 자신이 이교도라는 거짓 자백을 하게 된다. 신성을 무기로 폭력을 행사하던 스페인 종교재판소의 부패를 고스란히 겪어야 할 딸을 구하기 위해 부유한 상인이었던 아버지는 백방으로 뛰어다녔다. 청탁을 하기 위해 아네스의 심문을 지휘했던 로렌조를 집에 초대한

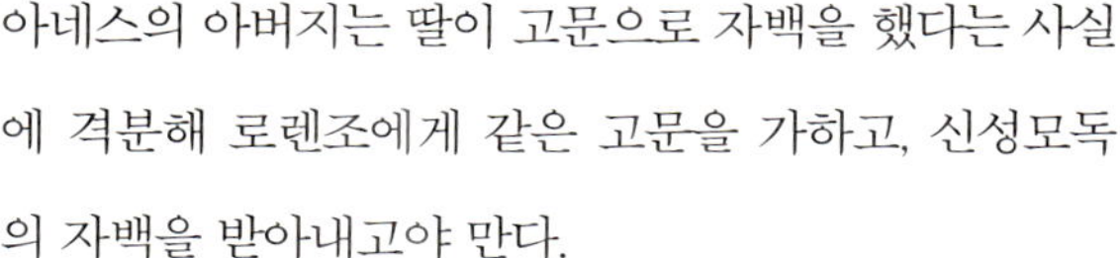

아네스의 아버지는 딸이 고문으로 자백을 했다는 사실에 격분해 로렌조에게 같은 고문을 가하고, 신성모독의 자백을 받아내고야 만다.

신앙심만 있다면 고문을 받아도 진실을 말할 수 있다는 신부, 아네스를 보내달라는 거액의 청탁을 받으면서도 아네스는 신의 결정에 맡긴다는 성당의 책임회피는 무소불위의 권력으로 휘두르는 부패한 종교의 단면을 여지없이 드러낸다. 종교적인 부패가 팽배한 현실은 비단 과거 스페인만의 문제가 아니라는 생각에 씁쓸했다. 음습한 화면을 지나치는 짤막한 불빛들은 희망의 복선이라 할 수 없을 만큼 쉽고 힘없이 어둠 속에 잠식되고 만다.

생존한다는 것이 무의미한 차가운 감옥의 공포에서 젊고 아름다운 아네스는 신부 로렌조에게 겁탈 당하게 된다. 겁탈 당하는 아네스는 신을 흉내 내던 스페인 가톨릭의 패륜을 드러냄과 동시에 연이은 침략으로 강간당한 스페인 역사를 상징하는 듯하다.

기회주의적으로 아슬아슬하게 시대의 격변을 이용하던 로렌조는 15년 후 나폴레옹과 손을 잡고 자유주의 사상에 물들어 스페인 침공에 가담한다. 외국어를 쓰며 여인들을 겁탈하고 학살을 일삼는 프랑스 군인들 역시 스페인 성당과 다름없는 모습이다. 왕실과 성당의 성벽을 무너뜨린 프랑스 군에 의해 아네스도 다시 세상의 빛을 보게 되지만, 음습한 어둠 속에 내동댕이쳐진 세월은 이미 아네스의 생기와 아름다움을 파멸시킨 후였다. 고야는 피로 얼룩진 역사를 날선 필치로 증언한다.

다행히 귀가 들리지 않게 된 화가는 학살의 폭음에

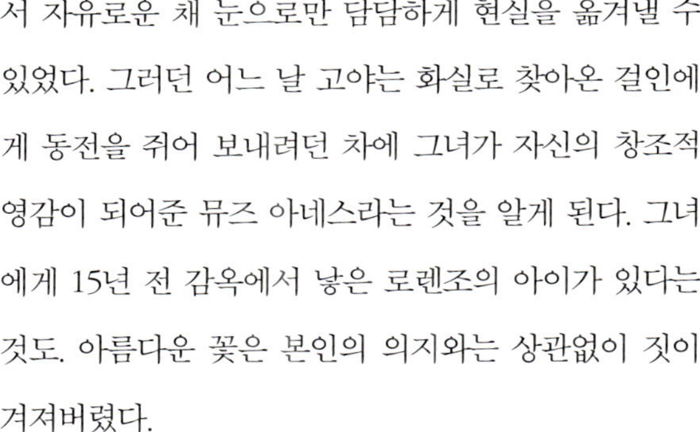

서 자유로운 채 눈으로만 담담하게 현실을 옮겨낼 수 있었다. 그러던 어느 날 고야는 화실로 찾아온 걸인에게 동전을 쥐어 보내려던 차에 그녀가 자신의 창조적 영감이 되어준 뮤즈 아네스라는 것을 알게 된다. 그녀에게 15년 전 감옥에서 낳은 로렌조의 아이가 있다는 것도. 아름다운 꽃은 본인의 의지와는 상관없이 짓이겨져버렸다.

고야는 아이가 보고 싶어 정신 이상 증세까지 보이는 아네스에게 딸을 찾아주려 노력하지만, 끝내 비겁한 로렌조는 창녀가 된 딸 알리시아의 존재가 자신의 앞길에 방해가 될 것을 예상하고 미국으로 추방하려 한다.

상태가 악화되어 가는 아네스만큼 피폐해지는 스페인은 영국이라는 새로운 침략자로 인해 또다시 격변의

Sealed Smile
2011 장지에 채색 30×30cm

어쩌면 악랄한 역사, 혹은 현실에 대한 관조적인 기록으로
냉소적인 진실 자체를 드러내고 인정하는 것이
상처와 화해하는 유일한 길인지도 모른다.

시간을 겪게 된다. 피와 광기는 역병처럼 번져나가고 가톨릭의 부패와 외세의 잇단 침략으로 이어지는 역사의 트라우마는 거대한 그림자처럼 18세기 스페인을 짓누르고 있다. 자신의 이익만 쫓던 로렌조 역시 예정된 파국을 맞게 된다. 광장에 모인 군중들 사이에서 로렌조는 공개 처형을 당하고, 아네스는 역사의 사욕이 채 씻기지 않은 채 수레에 실려가는 시체 옆을 종종걸음으로 따라 걷는다.

수레의 허무한 마찰소리, 어린아이들의 노랫소리와 함께 막이 올라가는 영화는 앞으로 이어질 잔혹한 역사를 예견하기라도 하듯 끝끝내 희망의 기별을 거두고야 만다. 어떠한 해결도 제시하지 못한 고야의 화폭은 현실의 리얼리티를 줄곧 기록할 뿐이다. 무기력한 고야의 시선 근저에 배어 있는 짙은 허무주의가 먹먹하

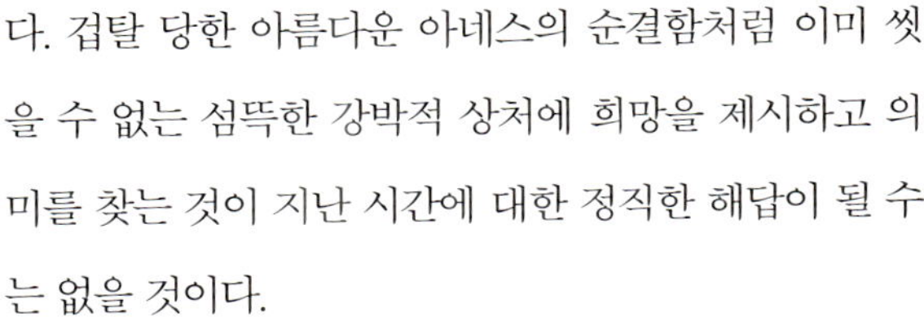

다. 겁탈 당한 아름다운 아네스의 순결함처럼 이미 씻을 수 없는 섬뜩한 강박적 상처에 희망을 제시하고 의미를 찾는 것이 지난 시간에 대한 정직한 해답이 될 수는 없을 것이다.

어쩌면 악랄한 역사 혹은 현실에 대한 관조적인 기록으로 냉소적인 진실 자체를 드러내고 인정하는 것이 상처와 화해하는 유일한 길인지도 모른다.

노란빛,
별을
그리자

진정한 화가는 양심의 인도를 받는다. 화가의 영혼과 지성이 붓을 위해 존재하는 게 아니라 붓이 그의 영혼과 지성을 위해 존재한다. 진정한 화가는 캔버스를 두려워하지 않는다.

_반 고흐

화가들이 가장 닮고 싶지 않은 화가의 삶, 반 고흐. 그랬다. 나는 고흐가 싫었다. 곤궁한 삶에 다쳐 피가 나고 종내 생을 마감하고서야 그 삶에 휘황한 의미를 붙여놓은 사람들에 의해 돌연 유명해져버린 고흐. 그때문에 화가는 아파야 하고 상처받아야 하고 살아서 곤궁함과 궁핍에 배고파야 하고, 심지어 요절까지 해야 작품에 진정성을 품는 것처럼 위장되어버린 것 같았다. 그래서 고흐가 싫었지만, 어떤 애증이 얽힌 듯 고흐의 일기장을 열어볼 때면 단어 하나마저도 늘 마음을 붙들었다. 그리고 어느 순간 그 일기장의 절절한 문장에 일견 수긍한 듯 텅 빈 화폭에서 의미를 찾으려 애쓰는 내 모습을 발견하곤 했다.

움틀 대는 붓의 흔적을, 타오르는 태양의 광휘를, 녹색의 요정 압생트를 사랑한 남자. 늦은 오후 사무실로 배송된 91년도 영화 〈Lust for life〉는 화가의 비루한 삶에 옛 필름의 낡은 감수성까지 얹어져 아프고 뜨겁고 불편한 여운을 남겼다. 여운은 생각보다 길었다. 어둠이 떨어진 귀로의 마디마다 빛이 머문 흔적들은 곧 노랗고 긴 터치가 되어 시종일관 시야를 답답하게 누르고 지나갔다.

뜨겁다 못해 활활 타오르는 불구덩이처럼 120분

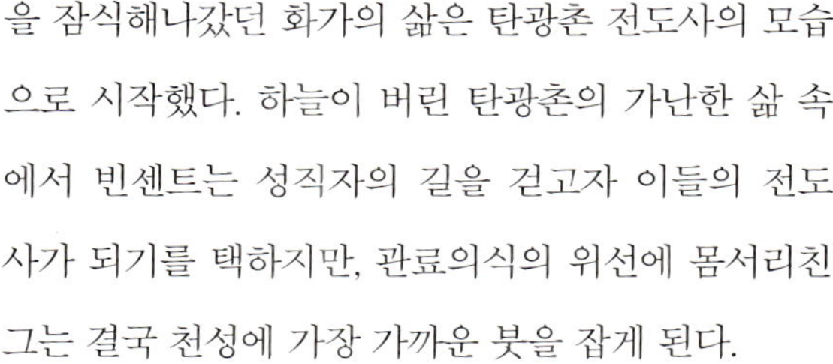

을 잠식해나갔던 화가의 삶은 탄광촌 전도사의 모습으로 시작했다. 하늘이 버린 탄광촌의 가난한 삶 속에서 빈센트는 성직자의 길을 걷고자 이들의 전도사가 되기를 택하지만, 관료의식의 위선에 몸서리친 그는 결국 천성에 가장 가까운 붓을 잡게 된다.

고향의 평온한 대지 위에서 고흐는 마른 스펀지에 물을 부은 듯 그림에 대한 열정과 에너지를 분출했다. 화폭과 감성은 완전히 분리할 수 없는 관계인 탓에 그림을 통해 얻은 생명력은 자연스레 사랑을 향한 열망으로 피어났다. 고흐는 사별한 남편을 잊지 못하는 종매 케이에게 마음을 바친다.

어울리지 않았다. 그림이 삶의 전부라며 팔리지 않는 캔버스를 쌓아두는 가난한 화가. 빵보다 물감을 선택하는 맹목적인 열정으로 헌신적인 사랑을 운

운하는 고흐는 이미 어른으로 살아가는 여성에게는 지독하게 어리고 이기적인 모습이었다. 예술적인 교감보다, 언젠가는 무료해질 남녀의 키스보다 아이에게 먹일 빵이 중요한 케이에게 사랑한다는 한마디로 현실적인 책임을 통째로 대신하려는 남자는 경멸의 대상일 수밖에 없었다. 결국 케이는 도망쳤다.

실연의 상처로 터져나간 가슴에 새살이 돋아날 즈음 고흐는 한 여자와 마주친다. 싸구려 말을 내뱉는 거리의 여자, 먼지가 잔뜩 붙은 길고양이처럼 고단하게 살아온 여자에게는 누구의 씨인지 모를 자식이 있었고, 만삭의 배 속에도 아빠 없는 아기가 자라고 있었다. 시엥은 아름답지도, 젊지도, 조신하지도 않은 창녀였지만 둘은 서로가 입었던 질곡한 삶의 상처를 보듬을 수 있는 동반자를 찾은 듯 애틋하게 사랑하기 시작한다. 어울리지 않기는 마찬가지였다. 몸을 팔아 돈을 벌었던 여자가 예술을 위해 돈을 쓰는 화가의 에너지를 이해할 리 만무했다.

동생이자 소울메이트인 테오가 꼬박꼬박 보내주는 생활비는 대체로 물감을 사는 데 쓰였고, 시엥은 가난에 지쳐갔지만 고흐는 화폭에 취해 현실을 망각했다. 사랑하는 이의 작품을 위해 정성껏 취해주던 포즈가 어느덧 피곤하고 지루할 즈음에 이르러 시엥도 짐을 꾸린다. 예정된 파국이었다. 시엥은 거리로 돌아갔고, 고흐는 시골로 돌아간다.

다시 외로움과 분투하며 붓을 잡은 고흐를 진심으로 이해하며 인식을 지탱해주었던 사람은 동생 테오였다. 고흐는 테오와 편지로나마 예술적 교감을 나눴고, 이 무렵 화가는 노란 집에 작업실을 꾸리고 들로 밭으로 나가 자연을 화폭에 담았다.

인상파가 맹위를 떨치던 시절에 고흐는 인상파 작가들과 종종 교우하곤 했는데 그가 좋아하는 동료작가는 폴 고갱이었다. 홀로 캔버스와 씨름하며 외로움을 앓던 시간에 지친 탓인지 고흐는 폴이 자신의 노란 집에서 작업을 하게 된 것을 환영했다. 발길이 끊긴 외딴집에 찾아온 손님을 대하듯 고흐는 폴을 진심으로 대하지만, 예술적 견해차와 크고 작은 다툼은 자존심 강한 두 예술가를 멀어지게 했다.

제법 차가운 머리로 그림을 그리던 폴에게 바람에 날아가는 캔버스를 붙들고 물감 덩어리를 찍어 바르는 고흐의 광기어린 에너지는 몸서리쳐질 만큼 버거웠다. 폴이 아니더라도 그 불편하고 아픈 광기의 불꽃을 곁에서 지켜보기란 고통스러운 일이었을

것이다.

폴이 노란 집을 떠나던 날, 결국 균열이 난 고흐의 가슴에서 타오른 불길은 그의 머리와 뼛속까지 태워 그를 환각의 굴로 몰아넣고 만다. 누구도 아닌 스스로에 의해 귀의 살점이 잘려나갔다.

광기를 이기지 못하고 정신병원을 거쳐 간 고흐의 생은 마지막 페이지까지 그렇게 아팠다. 애초에 캔버스로부터 탄생한 것처럼 화폭과 하나가 되어 연결된 그 질긴 탯줄을 끊지 못하고 붓을 놀리던 반 고흐는 결국 오베르의 밀밭에서 자신의 머리를 향해 총구를 겨누게 된다.

그의 나이 서른일곱이었다. 낡은 이젤 위에 놓인 노란 밀밭 위로 진혼곡 같은 까만 새의 날갯짓이 처연했다. 화가는 음울하며 찬란했던 서른일곱 해를

Sealed Smile
2011 장지에 채색 45×53cm

살아서 의미를 돌려받지 못한 불세출의 화가.
고독이 어둡게 내려앉은 얼굴에 재기어린 눈빛만 타오르고 있을 남자.
그가 젊은 여류화가를 향해 시간을 초월한 화해를 걸어올 것만 같다.

접고 박명의 강을 건너갔다.

고흐는 노란색과 닮았다. 광기와 재기에 어린 노란색, 아니 생명을 품고 몸을 뒤틀고 있는 노란빛의 편린들.

까만 어둠이 내리깔린 시간, 부챗살처럼 퍼져나가는 가로등 빛을 보며 불현듯 고흐의 환영이 떠오른다.

'난 당신이 너무 아파.'

살아서 의미를 돌려받지 못한 불세출의 화가. 곤궁한 삶에 지친 고독이 어둡게 내려앉은 얼굴에 재기어린 눈빛만 타오르고 있을 남자. 물감이 군데군데 얼룩진 낡은 셔츠를 입고 밤안개가 둘러쳐진 도로 위에서 녹색 압생트병을 한손에 안고 젊은 여류화가를 향

해 시간을 초월한 화해를 걸어올 것만 같다.

노란빛, 별을 그리자고.

20대는 남루하지 않다

신년의 타종소리가 청명하게 귓전을 울렸다. 늘 해가 넘어갈 때면 다음 목표를 정리하곤 했는데 지난해만큼은 해가 넘어가는 기분이 묘했다. 스물아홉. 스물아홉. 벌써 스물아홉이라니. 가장 변화무쌍해서 길게 느껴지는 20대라지만, 거짓말처럼 찾아온 스물아홉이었다.

이제는 어리게 보지 않는 나이, 스물아홉은 여자에게는 특별한 해다. 본격적으로 집안의 결혼 압박이 시작되는 시기이기도 하고 젊은 아름다움이 피어나 한껏 두 팔 벌리고 있는, 환하게 절정을 맞으며 개화한 꽃과 같아서 되레 불안하고 붙들고 싶은 그런 시기다. 절체절명에 다다랐다고 생각할 수도 있겠지만, 사실 스물아홉은 적당히 세상도 알고 적당한 상처도 있고 일을 해나갈 때의 연륜도 적당히 숙지한 매력적인 나이이기도 하다.

스물아홉을 맞은 친구 A는 학부 때부터 휴학을 무척이나 자주 했다. 답이 보이지 않는 순수미술의 길에서 학생 신분을 잃고 전업작가라 자신을 소개하는 상황이 너무 두렵다는 이유로, 대학원에 다니면서도 휴학과 복학을 반복하며 졸업을 늦추고 있었다. 대학원생이라는 소속감을 걸치고 어서 결혼하고 싶고, 무명작가의 이름으로 사회로 내던져질 것이 불안해 학교의 울타리를 떠나질 못하겠다고 했다. 적당히 예쁘게 학교에서 그림을 그리며 의지할 환경이 있는 친구가 안정적으로 보이기도 하지만, 정작 친구는 흘러가는 20대의 시간을 외면하는 것에 가까울 만큼 늘 불안해했다.

아득하고 불안한 20대는 불공평하기까지 하다. 미

대의 비싼 등록금과 재료비를 충당하기 바쁘게 아르바이트를 하며 대학시절을 보낸 친구 B에게 전시를 하는 것은 너무 먼 세상의 일이었다. 졸업을 하며 바로 생활전선으로 뛰어들어야 했던 친구에게 4년간 배운 그림으로 전시를 하는 것은 사치였고 허영이었다. 게다가 개인전은 당장 돈이 되지 않는 일이었으므로 친구는 작품 활동의 꿈을 일찍이 접었다. 학창시절 넉넉한 환경을 즐기며 열심히 그림을 그리지도 않았던 친구가 적당히 부모님 지원을 받아 근사하게 오프닝을 맞던 날, 축하해주러 갤러리에 찾아왔다가 쓸쓸히 뒤돌아갔던 친구의 먹먹한 뒷모습이 잊히지 않는다.

정직한 결과만 안겨줄 줄 알았던 세상이 불안하고 불공평한 길이라는 것에 대해 충분히 숙지할 수 있

Sealed Smile
2011 장지에 채색 90×72cm

불공평한 현실을 직시한다는 이유로 일찍 포기해버리면 세상은 너무 뻔하다.
이상과 현실의 간극을 줄여나가면 우리는 늘 20대로 살아갈 수 있다.
방향을 잃지 않는다면 가능한 일이다.

는 20대는 어영부영하는 사이 꿈을 단지 꿈으로 남기고 현실을 핑계로 이상마저 한없이 축소시킨 채 훌연 잡히지 않는 몸으로 곁을 스쳐가고 만다. 20대의 한 해 한 해를 맞을 때마다 꿈과 현실을 동시에 직시하고 준비된 나와 직면하는 것만이 20대의 시간을 면면히 느낄 수 있는 유일하고 의미 있는 방법이다. 부족한 모습은 부족한 대로, 현실의 남루함이 있다면 있는 그대로, 지극히 평범한 자신과 마주해야 한다.

그래도 불안하고 불공평한 현실을 직시한다는 이유로 일찍 이상마저 포기해버린다면 세상은 너무 뻔하다. 드라마틱한 반전을 기대할 순 없는 것일까. 과감한 에너지를 품고 이상과 현실의 간극을 좁혀나갈 수 있는, 계산 없이 자신을 던지는 바보 같은

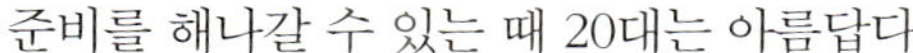

준비를 해나갈 수 있는 때 20대는 아름답다.

주어진 일에 쫓기지 않고 리드하는 것이 업무처리의 중요한 덕목이듯 소리 없이 흘러가버리는 나이를 리드하는 것도 무엇보다 중요한 일이다. 해마다 쫓기지 않고 순간의 계획을 리드하며 이상과 현실의 간극을 빠르게 줄여나가다 보면 어느 시점에 가치관과 존재감을 상기하고 늘 20대로 살아갈 수 있다. 방향을 잃지 않는다면 가능한 일이다.

부딪쳐야 리드할 수 있다. 도전하면서 고민하고 흐르는 시간 속에 늘 깨어 있는 정신을 품고 산다면 드라마틱한 인생소설의 주인공이 될 수 있지 않겠는가.

나의 20대는 늘 흐르는 시간의 주인으로 큰 방향의 줄기를 단단히 하는, 그래서 언제까지나 젊은 삶을 살 수 있는 시간이었으면 한다. 가득 채워진 엔딩.

제법
멋진
싱글라이프

▼

나연이가 결혼했다. 전시 기획을 하는 나연이는 누구보다 진심으로 나의 길을 고민해주고 나의 결정에 힘을 실어주고 지지해준 특별한 친구다. 막연히 무언가를 해주고 싶다고 생각하다가 오랫동안 보아온 나연이와 상귀 오빠를 위한 그림을 그려 선물해주기로 마음먹었다.

그러고 보니 친구들이 결혼을 많이 했다. 어른이 되었다고 느끼는 순간은 지인의 결혼식에 참석하는 횟수가 늘어났을 때다. 20대 후반이 되자 오래 연애했던 친구들이 하나둘 면사포를 쓰기 시작했다. 싱글인 친구들은 결혼을 전제한 연애를 부쩍 조심스러워했다. 집 안 구석 오래된 앨범 속에서 딱딱한 예복을 입고 어정쩡한 팔짱을 낀 채 서로의 가족들과 찍은 부모님의 빛바랜 결혼사진에서 풍겨오던 낯선 냄새가 생각난다.

결혼사진은 가족이라는 이름이 부여된 최초의 흔적이다. 사회적 어른의 세계가 본격적으로 시작되는 지점이다. 멀게만 느껴졌던 그 지점에 어느덧 내가 들어가 어정쩡한 자세로 사진을 찍고 있으며, 흰 드레스를 입은 친구는 새로운 가족과 어른의 세계로 진입하는 예식을 갖춘다. 재치 있는 사진기사의 요청에 따라 부모님의 낡은 결혼사진 속 어색한 하객의 입장이 되고서야 사회가 나에게 요구하는 역할을 실감하게 된다.

결혼식이 끝나면 친구는 연인이라는 삶의 손님과 사랑을 나누는 것이 아니라 고스란히 삶을 공유해야 하는 동반자와 같은 길을 향하게 될 것이다. 보여주고 싶은 모습만 보여주던 연애 때와는 달리 수화기 너머 사생활로 숨겨져 있던 일면들이 좁은 공간 안에서 불

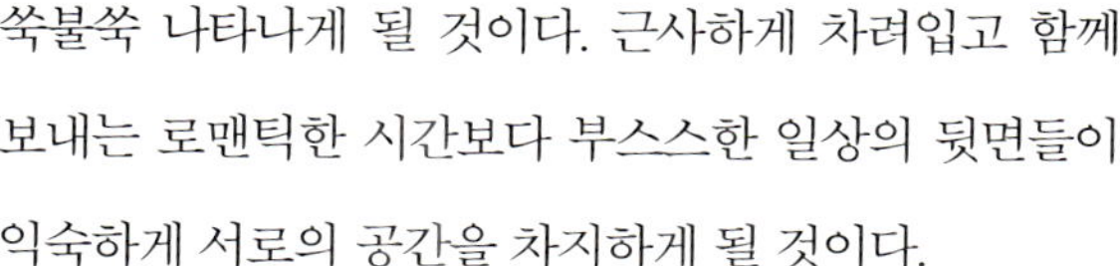

쑥불쑥 나타나게 될 것이다. 근사하게 차려입고 함께 보내는 로맨틱한 시간보다 부스스한 일상의 뒷면들이 익숙하게 서로의 공간을 차지하게 될 것이다.

누군가와 함께 산다는 것. 그것은 달콤한 케이크와 촛불을 바라보며 함께 밤을 보내는 데이트와 분명 다를 것이다. 서로 다른 삶을 살아온 이들이 알몸으로 부딪치며 서로의 못난 면면까지 있는 그대로 받아들여야만 하는 난해한 과제다. 혼자만 알고 있던 사생활을 보여준다는 것. 낭만의 매개가 없는 상태에서도 그러한 상대의 모습조차 사랑할 수 있는 것. 그것은 설렘보다 깊은 무언가가 없으면 불가능한 일일 것이다.

혼자 살기 시작하며 나 역시 혼자만의 시간이라는 사생활의 몸집이 점점 불어나게 되었다. 어릴 때부터 방 청소 한 번 제대로 안 해보고 자라다가 새벽 기상을 해야 했던 대학원 조교생활과 함께 시작된 싱글라이프는 칙릿 소설 속 여자들처럼 트렌디하고 화려하지만은 않았다.

컴퓨터를 전공한 얼리어답터 아빠 덕에 집 안에 속속 업데이트되던 최신형 기계들을 마음껏 사용했는데, 인터넷은 어떻게 설치해야 하는지, 컴퓨터가 고장 나면 어떻게 해야 하는지 아무것도 모르는 상태에서 하나둘 터지는 사고 때마다 나는 어찌할 바를 몰라 속만 태웠다. 골목이 스산한 터라 집에 혼자 있다는 느낌에 잠자리에 들 때마다 두려웠고, 때로 빈 집의 적막에 외로움이 몰려오기도 했다.

혼자 5년 넘게 살다보니 이제는 어지간한 일에는 당황하지 않는다. 행복한 싱글생활을 근사하게 채워가는 법도 자연스레 체득하게 되었다.

혼자 사는 동안 시간의 굴레는 잘 맞물린 태엽처럼 거침없이 돌아갔다. 위성처럼 주변을 맴도는 사람이 없기 때문에 신경을 분산시키며 말을 건넬 의무도 없었고, 박스티 한 장에 머리 질끈 묶고 집 안을 돌아다녀도 괜찮았다. 누나 컴퓨터 잠깐 쓴다며 불쑥 방에 들어올 동생도 집에 없기 때문에 내 컴퓨터에는 오직 나의 이야기가 제멋대로 담겼고, 원고를 쓸 때면 좋아하는 음악과 조명을 켜놓고 모든 소음을 차단한 채 집중력 있게 작업에 몰입할 수 있었다.

눈치 봐야 할 아침이 없음은 물론이었다. 늦잠 자고 싶은 날은 오직 눈부신 빛의 산란에 눈을 뜨고, 휴일이면 내 취향대로 집을 꾸미기 위해 인테리어숍에 습관적으로 들를 수 있었다. 내 공간 안에서 내가 하고 싶은 것만 할 수 있는 자유가 주어졌다. 한 끼 식사를 간

Sealed Smile
2010 장지에 채색 80.5×65cm

젊음과 자유, 외로움과 웃음과 열정이 나만의 세계 속에서 자라는 시기.
고작 몇 해 허락될 이 순간은 외로움마저 소중하다.
혼자 산다는 것은 그런 것이다.

단하게 때울 수 있는 1인용 레시피가 내공처럼 쌓여갔고, 누군가와 외로움을 나누고 싶을 때 숨기고 싶은 모습은 숨긴 채 수화기나 메신저 바깥으로 들려주고 싶은 언어들만 전할 수도 있었다.

하지만 평생 홀로 살 운명이 아니라면 나 역시 언젠가 누군가의 삶 속으로 들어가게 될 것이다. 아침을 조금 일찍 시작해야 할 것이고, 상대를 챙겨주면서 신경 쓸 일도 많을 것이다. 편하기만 한 박스티 대신 선물받은 홈웨어를 입고 비비크림을 늘 바르고 있어야 부부간의 긴장이 유지될 것이다. 혼자가 그토록 편하고 효율적인 것을 알면서도 굳이 사생활의 면면을 공유하며 맨살을 부딪쳐야 하는 '함께'를 택하는 이유를 나는 아직은 모른다.

함께 사는 그 시간에는 효율만으로 설명할 수 없는

끈끈한 만족과 애정이 있을 것이다. 그것을 느끼기 전, 20대 후반과 서른 사이의 젊고 넉넉한 싱글라이프는 유효하지만 지극히 찰나라는 것만이 순간의 소중함을 일깨운다.

혼자 산다는 것. 젊음과 자유, 외로움과 웃음과 열정이 오직 나만의 세계 속에 자라나는 시기. 고작 몇 해 허락될 이 순간은 외로움마저 소중하다. 혼자 산다는 것은 그런 것이다.

퇴근길 오렌지색 조명이 아름답게 떨어지는 밤, 그림과 원고와 보내게 될 밤의 의미가 특별하다. 언젠가 이 순간을 그리워할 날을 위해, 역할에 따른 이름을 부여받기 이전 온전히 나 자신으로 살아갈 수 있는 젊음을 위해 늦은 시간 거실 소파에 앉아 차가운 맥주 캔을 연다.

오늘도 '카르페 디엠'을 속삭이며.

03

환상, 현실은 나를 더욱 견고하게 만든다

도시인의 한 명으로 내 이야기이자 우리의 이야기를 담아내고 싶다.
진실이 별건가. 이 도시의 일원으로 살아가는 삶이 내 그림이고, 그림이 내 삶 자체다.

힐링을
위한
테이크아웃

늦은 밤, 방문을 열고 들어서면 엄마는 어김없이 책을 읽거나 공부를 하고 있었다. 두꺼운 안경 너머로 책을 읽는 엄마의 모습. 영어 문장이 빽빽한 문학책들 곁에는 늘 자그마한 컵의 달금한 커피 한 잔이 있었다. 어릴 땐 책이나 화판을 펼쳐놓고 근사하게 커피를 마시는 생활을 동경하며 빨리 어른이 되고 싶기까지 했다. 이대 앞에 1호점이 생긴 스타벅스를 시작으로 원두커피 프랜차이즈가 거리에 하나둘 등장하기 시작한 고교시절부터 커피에 대한 사랑과 관심은 글과 그림과 함께 무르익어 갔다. 지금도 여전히 손에 종이컵이 없으면 불안하기까지 하니 중독은 중독이다.

회사와 작업실이 있던 2호선 합정역 부근은 각기 다른 페이지의 디자인이 매력적인 조화를 이루는 패션매거진처럼 제법 느낌 있는 카페거리다. 정자동이나 가로수길, 삼청동보다 알려지지 않은데다 프랜차이즈 커피전문점이 없기 때문에 사람들이 몰리지 않는다. 빈티지한 커피숍의 제각각인 의자처럼 각자의 문화가 그럴듯하게 살아 있는 보물 같은 거리다.

점심시간에 내가 늘 단골로 찾던 카페는 합정-상수 카페거리에 위치한 카페 '시간의 공기'다. 카페거리에서 단골로 다닐 카페를 찾던 중 발견한 곳인데 적당히 보기 좋게 낡은 빈티지한 분위기와 조용함, 깊은 커피 맛과 켜켜이 쌓인 에세이들이 마음에 들어 드나들기 시작한 곳이다.

오기가니 나오코 감독의 영화 〈안경〉에서 카페 내부의 전반적인 색채를 뽑아낸 주인 언니의 감각도 탁월하고 먹먹한 음악과 회색 벽면이 자아내는 아담하고 평온한 분위기는 잠시나마 하루의 피로를 씻어낸다. 커피를 기다리는 2분여 동안 에세이 목차를 읽는 것은 남는 시간을 발라먹는 달인인 내가 틈새시간을 유익하게 보내는 하나의 방법이다.

게으른 햇살이 까만 테라스 깊숙이 들어오던 늦여름 어느 날. 여느 때처럼 밝게 인사를 건네는 주인언니에게 살짝 눈인사를 하자 언니는 늘 주문하는 커피를 능숙하게 만들기 시작한다. 커피 문화가 발달함에 따라 커피 취향도 제각각이라 단골손님의 레시피를 외우는 것도 요즘 바리스타에게 주어진 과제일 것 같다. 따뜻한 커피를 마실 때는 커피 반 샷에 우유스팀이 뜨겁게 된 시럽 빠진 라떼를, 차가운 커피를 마실 때는 커피 반 샷에 시럽이 들어간 라떼를 주문한다. 여름에도 비 오는 날이면 아이스 대신 따뜻한 라떼를 마신다. 자주 다니는 카페에서 비 오는 날에 자연스레 따뜻한 라떼를 되묻는다면, 진정으로 나라는 고객에 깊은 관심을 가지는 바리스타가 아닐 수 없다.

이른 오후의 시작을 달래줄 커피를 기다리는 동안 정성껏 커피를 내리는 언니의 손을 물끄러미 바라보았다. 반질반질하게 로스팅된 원두는 곱게 갈려 적당한 압력으로 납작하게 눌리며 커피메이커에 장착되었다. 곧 7그램의 커피는 1온스의 물과 뜨겁게 만나 흑고동의 추출물을 만들어내고, 그 추출물은 따뜻한 우유와 혼합되어 이윽고 한 잔의 커피로 완성된다.

볼록한 우유 거품이 조밀하게 서로를 끌어안은 종이컵에 입술을 포개며, 달짝지근하면서도 쌉쌀하고 고소하며 텁텁한 맛이 울다가도 웃고 미워하다가도

사랑하는 삶의 조각을 닮았다고 생각한다면 억지스러운 위악일까.

지인들에게 "언제 커피 한 잔 하자."는 인사말을 연신 입에 달고 다닌 것을 떠올리며 '커피 한 잔'의 의미는 단순한 음료의 차원을 넘어 갖가지 의미를 달고 우리의 삶 속에 깊이 침투했음을 목도한다.

햇살 좋은 커피숍 창가에서 삼삼오오 모여 나누는 이야기가 진부한 일상에 유쾌한 숨결을 불어넣는가 하면, 추운 겨울 사무실에서 마시는 달금한 다방커피의 온기는 얇은 종이컵을 투과해 손끝으로 전해지며 창백한 시멘트 큐브 속의 하루를 달래기도 한다.

사무실로 돌아와 원고 파일을 열고, 한 모금 커피를 입안에서 호기롭게 음미하며 그렇고 그렇게 지나가는 일상의 의미를 낯설게 바라보려 한다. 가장 행복했던,

Sealed Smile
2010 장지에 채색 80×100cm

사무실로 돌아와 원고 파일을 열고, 한 모금 커피를 입안에 머금는다.
가장 행복했던, 제법 아팠던 순간들이 적절히 혼합되어
쓰고 단맛이 깊고 가득하게 현실의 자화상을 위로한다.

제법 아팠던 순간들이 적절히 혼합되어 성숙해가는 삶의 진부한 의미처럼 쓰고 단맛이 깊고 가득한 풍미를 만들어내는 커피 한 잔이 현실의 자화상을 담담하게 위로한다.

이른 오후 바리스타의 손을 떠나 나에게 주어진 테이크아웃 커피처럼 쓰든 달든 주어진 현재의 모습을 기꺼이 받아들인다. 달짝지근하기만 한 음료를 바랐다면 마냥 달콤한 초콜릿 음료를 마셨지, 씁쌀한 커피를 마시는 일은 없었을 것이다. 달콤한 시럽을 더욱 매력적으로 감싸주는 커피만의 매력을 우리는 알고 있다. 적당히 아파야 소중한 것을 알고 적당한 스트레스도 있어야 전진의 자극이 되고 적당히 힘들어야 여유시간이 더 달콤하다는 사실을.

쓰고 단맛이 섞인 테이크아웃 커피 한 잔의 깊은 풍

미처럼 말이다. 때론 씁쓸해도, 그래서 의미 있는 것이 또한 삶이라는 것을.

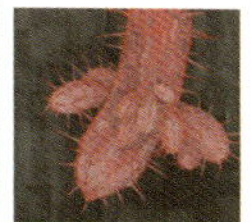

도시별

여행자

▼

일주일 내내 자정을 넘겨야 했던 야근은 피로를 인지할 겨를도 없이 다음 업무로 나를 떠밀고 있었다. 작품 활동과 함께 미술칼럼으로 펜을 잡은 이후 빠르게 무게가 얹어진 책임으로 어느덧 편집 마감의 최전선을 지키는 위치에 앉게 되었다. 매거진 출간 직전, 최종 오타를 잡아내고 큰 레이아웃을 실제 책과 비슷한 구조 속에 결정하는 작업은 가제본에서 이루어진다. 아침 책상 위에 가지런히 놓인 가제본을 집어 드는 출간 직전의 긴장감은 신입 때나 지금이나 변함이 없다.

손끝으로 전해지는 매거진의 냉기는 맨손으로 드라이아이스 덩어리를 쥐는 기분만큼 두렵고 차갑다. 혹여 오타가 있을까, 인터뷰이interviewee의 색이 왜곡되거나 진실의 범주를 넘어가지는 않았을까. 빨간 펜을 딸깍거리며 경각심을 품고 한 장 한 장 넘기는 시간은 신경이 예민하게 곤두서 두통마저 몰고 온다.

몇 해 동안 만든 매거진은 어느 하나 손길이 가지 않은 부분이 없다. 책상 앞에 빼곡히 살을 맞대고 서 있는 매거진 중 어떤 콘텐츠가 몇 호에 들어가 있는지 외울 정도다. 그림은 개인적인 감성의 영역이지만 그 감성의 영역에 글을 붙이고 그릇에 담는 일은 중심을 잃지 않고 머리가 차가워야 함을 깨닫게 된다.

작업실 문을 여는 순간부터는 가장 뜨거워야 하는 아티스트의 삶이 시작된다. 눈앞에 아트페어 일정이 빼곡히 잡혀 있다. 매니지먼트를 해주는 전속 작가는 아마추어 같은 마인드로 이젤 앞에 앉을 수 없다. 글을 쓰고 그림을 그리며 사는 것은 오랜 숙원이었지만 작가의 이름이 붙게 되면서부터 즐거움 한 켠에는 언제

나 긴장감이 맴돈다.

신명나게 뽑아 올린 시와 그림이 어우러진 문인화 한 폭처럼 어떻게 보면 글이나 그림이나 표현의 영역일진대 일이 되면 전혀 다른 자세를 요구한다.

밥 먹는 시간조차 책 읽는 시간으로 할애할 만큼 바쁜 스케줄, 치열한 경쟁은 투명한 땀을 흘리며 책상 위에 바짝 얼어 있는 테이크아웃 컵처럼 내 존재가 여유 없는 최전선 도시생활의 일원임을 증명한다. 가장 뜨겁고도 가장 차가운 20대 워커홀릭의 대표주자인 나에게 도시는 거대한 영감의 원천이다.

팝아트 계열 작품의 외피는 도시를 사는 사람들의 색채와 어우러져야 한다는 핑계를 대며 나는 소란한 길에서 산책을 즐기는 편이다. 커피숍에 꽂힌 트렌디한 패션잡지, 길가 노점에 나란히 누워 있는 열쇠고리,

팬시점에 자리한 인형 달린 펜과 인테리어가 감각적인 매장 간판 하나까지 도시의 모든 부속은 나에게 끊임없이 새로운 자극이다.

어딘가에 틀어박혀 혼자 그릴 수 있는 그림이 아니라 쉼 없이 도시와 익명의 사람들로부터 자극을 수혈받아야 하는 주제에 천착한 이상, 생활 속에서 늘 에스키스를 해야 하는 것은 일상의 과제나 다름없다. 화려함 이면의 고독, 획일화된 웃음은 지극히 도시인의 일부로 살아가며 스캔한 일상 속 군상의 모습이다.

어쩔 수 없이 이곳에서 살아가는 똑같은 도시인의 한 명으로 어디까지나 내 이야기이자 우리의 이야기를 담아내고 싶다. 진실이 별건가. 이 도시의 일원으로 살아가는 삶이 곧 내 그림이고, 그림이 곧 내 삶 자체인데. 그래서 나에겐 지나치기 쉬운 사소한 일상의 편린

조차 모두 소중한 영감이다.

선루프를 열고 드라이브 할 때 고개를 젖히면 시야에 가득 들어차는 네모 하늘, 그 하늘을 지나가는 높은 빌딩과 가로등과 야경의 색과 어울리는 음악은 때론 다른 차원의 기억을 관망하는 것 같은 착각이 들게 한다. 늦은 여름, 강변북로나 북악 스카이웨이, 아소토 유니온의 노래, 네모 하늘, 한순간 레이어드되는 이런 부속들은 보기 좋게 합쳐져 완성도 높은 작품을 만들어내곤 한다. 기억 속에 스크랩된 이미지의 단편들이다.

밤의 현란한 가공의 이미지 사이를 표표히 걸어가다 찾은 어느 느낌 좋은 바bar 역시 밤 산책의 작은 기쁨이다. 늦은 여름 금요일 밤, 매미 울음소리가 채 가시지 않은 테라스에서 모히토 한 잔을 주문했다. 한 주의 피로가 모두 라임 향에 응축되어 사라지는 기분이

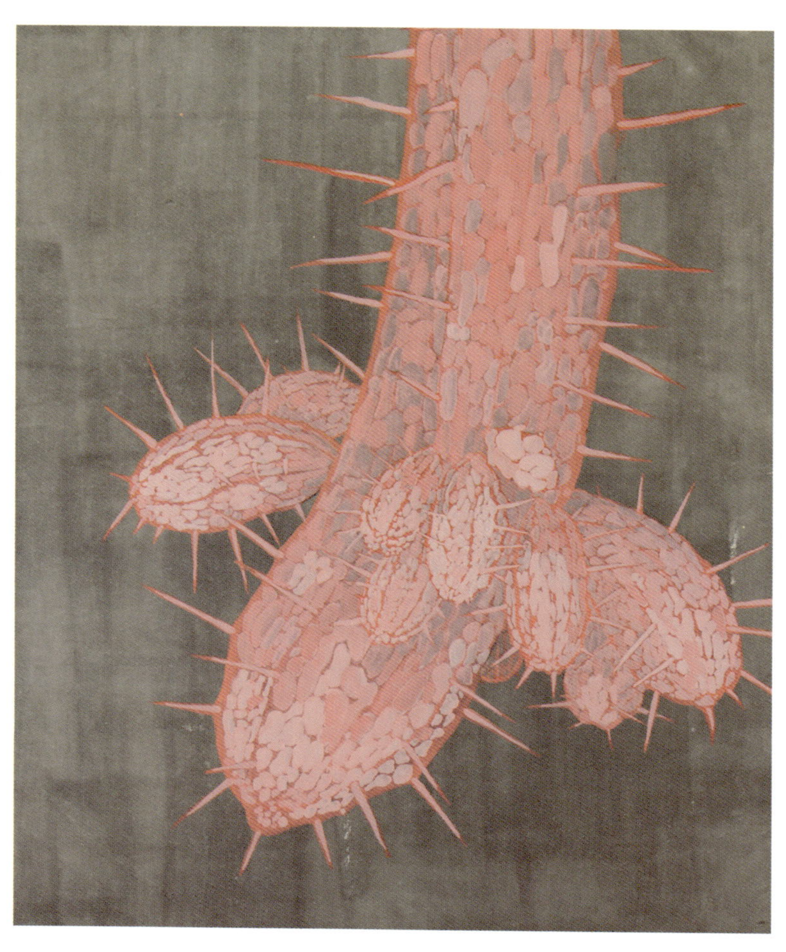

Alone
2008 장지에 채색 163×130cm

도시의 일원으로 숨 가쁘게 살아가다가도 이역만리에서 배낭 하나 메고 찾아온
여행자처럼 도시를 관망하는 습관이 있다.
일상적인 풍경 위를 낯설게 걷는 도시의 산책이다.

든다. 홀로든 둘이든.

인테리어와 소품, 음악, 메뉴까지 어우러진 카페나 음식점은 제각각 문화를 품고 있는 하나의 세계다. 카페에는 카페를 만든 이의 가치관이 묻어난다. 흔히 말하는 콘셉트다. 문을 여는 순간, 그 문화 속을 낱낱이 경험할 때면 형형색색 압축된 문화와 시간이 감각에 쏟아진다. 이것은 도시의 일원으로 숨 가쁘게 살아가다가도 이역만리에서 배낭 하나 메고 찾아온 여행자처럼 이곳을 관망하는 습관 중 하나다. 일상적인 풍경 위를 낯설게 걷는 도시의 산책이다.

2호선 합정역 부근의 많은 카페 중 과거 신발공장 건물을 그대로 살려 이국적인 세계를 만들어낸 '앤트러사이트 커피로스터'는 인위적인 빈티지가 아닌, 과거의 잔여물이 고스란히 시간의 지층을 뚫고 도회적인

소품들과 어우러진 매력적인 카페다. 베이징 798에서 느낀 탁월한 과거와 현대의 공존이 좋아서 종종 저녁을 먹고 회사 부근 골목에 위치한 앤트러사이트로 산책을 가곤 했다.

온전히 새롭지 않아서 빈티지한 척하지 않는 오리지널한 오브제들이 매력적이고, 무엇보다 지난 시간을 잊지 않은 채 전달되는 공기가 아련해서다. 쉽게 과거를 붕괴해버리는 자본주의 도시에서 흔적을 고스란히 드러내는 공간에는 왠지 모를 안온함이 있다. 삶의 한 철 추억을 쌓아갔던 누군가의 기억에서도 쉽게 지워지길 원하지 않는 마음처럼.

함께 드라이브하며 들었던 음악이 다시 흘러나올 때, 시간의 표층을 뚫고 나온 그 시절이 당신에게도 의미 있게 기억되길 바라는 마음처럼 말이다.

도시 여행에서 변화와 추억을 동시에 체득하는 순간은 때론 걸어온 기억의 시간을 의미 있게 만든다. 빠르게 변하지만 곳곳에 묻혀 있는 온정이 가슴을 저리게 하는 공간, 감성이 남아 있는 도시의 컷마다 마음을 담아 붓을 잡는다.

때론 나의 기억이, 우리의 기억이 이 도시에서 속도를 핑계로 지워지지 않았으면 좋겠다. 시간의 지층 위로 언뜻언뜻 도시 여행자의 눈에 띄는 그 시절 기억이 서글프고 안온하게 몸을 감싸는 아련함을 남겼으면 좋겠다.

내밀한 언어, 향수와 예술

▼

▼ 내가 잘 때 입는 것은 샤넬 No. 5뿐이다.

_마릴린 먼로

넘버 5, 수이러브, 쁘띠마망, 롤리타 렘피카…. 화장대 한 켠 가장 화려하고 고혹적인 자태로 옹기종기 자리를 꿰어 찬 향수병들 뚜껑을 보며, 오늘은 어떤 향을 입고 나설지 고민하고 있었다. 중요한 약속을 앞두고, 한껏 나를 꾸민 마지막 순간 나는 어김없이 350미리리터의 병에 담긴 특별한 향기를 찾고 있었다.

향수. 시각적으로 드러나는 패션과는 다르게 눈에 보이지 않는 장식으로 내밀하게 소통하는 신비한 기체는 기원전 14세기 이래 페로몬으로 끌림의 본능을 자극하는 것이 과학적으로 증명됨과 함께 세월을 타고 더욱 섬세하게 발전했다. 사람과 사람 사이 날숨이 가

깝게 느껴지는 거리에서 코끝에 닿는 향기는 상대가 가진 이미지를 더욱 강렬하게 각인시키며 시각적인 이미지를 넘어선 여운을 남긴다. 각기 다른 색채를 지녔지만 겉으로 구별할 수 없는 어떠한 '비밀'과도 같기에 '향수병'은 그 안에 담긴 투명한 액체만큼이나 각별한 의미를 갖는 것인지 모르겠다.

흔히 떠올리는 화려한 유리병이 아니더라도 다양한 소재로 이루어진 개성 있는 디자인의 향수병은 후각으로 느낌을 인지하기 이전, 눈으로 밀폐된 내부의 향기를 읽어내리는 역할을 맡는 것 같다. 향수병은 예쁘다. 아기자기한 형태를 보기만 해도 이미 마음은 시원한 시트러스 향이나 따뜻한 플로랄 향에 취해버리고 만다.

꼭대기를 손가락으로 눌러보기도 전에 먼저 고혹적인 디자인으로 나를 유혹하는 향수병에는 예술가의 영감이 숨어 있는 경우도 많다. 예술이 가진 깊이와 희소성 그리고 조향사의 손을 거친 찬란한 액체의 만남은 향수의 의미를 더욱 풍성하고 유혹적으로 만들어 왔기에 나는 예술가의 숨결이 깃든 향수병에는 더욱 특별한 의미를 두기도 했다.

초현실주의의 수장 살바도르 달리는 제2차 세계대전 이후 순수미술 분야를 넘어 디자인과 영화, 시, 소설 등으로 창작 영역을 넓혔다. 회화를 넘어선 타 장르에 대한 관심으로 향수병 디자인에 손을 뻗친 달리는 1982년 프랑스 향수회사 콥스와 계약하며 자신의 이름을 딴 살바도르 달리 라인의 향수병을 창작하기에 이른다. 달리의 신비로운 회화적 감각이 고스란히 녹아든 달리 라인의 향수 오 드 달리, 라구나, 달리 씸므, 오 드 루비립스, 잇 이즈 러브, 르 로이 쏠레이 등은 여

전혀 달리스러운 느낌으로 시선을 붙든다.

화려한 아르누보 스타일 디자인으로 수집가들의 인기를 끄는 롤리타 렘피카는 아르데코의 여왕이라 불렸던 타마라 드 렘피카에서 그 이름을 딴 것이다. 바르샤바의 부유한 집안에서 태생한 타마라 드 렘피카는 사치와 양성애, 남성 편력 등으로 연일 화제를 낳았던 빼어난 미모의 화가로 알려져 있다. 곧 타마라드 렘피카는 에덴동산의 사과처럼 선과 악, 도발적이고 금지된 사랑과 순수가 공존하는 향수 롤리카 렘피카의 교태로운 이미지와 잘 맞아떨어지며 향수의 팜므파탈적인 매력을 고스란히 드러낸다.

'테크놀로지의 음유시인'이라 불리며 디자인과 예술의 경계선상을 오가는 스타 디자이너 론 아라드가 디자인한 겐조 언아이덴티파이드 프래그런스 오브젝트

Sealed Smile - ANNA SUI
2011 장지에 채색 30×30cm

Sealed Smile - ANNA SUI
2011 장지에 채색 50×50cm

예술가의 영감이 되며 새로운 제품을 출시할 때마다
수없는 예찬론자를 낳는 향수.
1초도 안 되는 순간 뿜어져 옅은 흔적만 남긴 채 증발하는 무형의 액체에
나는 왜 오늘도 고민하게 되는 것일까.

는 실제 스틸로 이루어져 번화한 화장대 속에 건설된 도시적인 건축물을 연상케 한다.

때론 예술가의 영감이 되며 새로운 제품을 출시할 때마다 수없는 예찬론자를 낳고 있는 향수. 1초도 안 되는 순간 뿜어져 나와 옅은 흔적만을 남긴 채 자취도 없이 증발하는 무형의 액체에 나는 왜 오늘도 고민하게 되는 것일까. 기념일인 오늘, 익숙한 당신과의 자칫 밋밋할 수 있는 일상을 특별한 의미로 장식하고 싶다. 당신으로 하여금 '나'라는 사람의 느낌에 각별한 여운을 덧대기 위해, 몸에 배는 향에서 올라오는 심리적 안정감이 좋아 나는 보이지 않는 향에 작은 사치를 부리는 위악을 행하게 된다. 오늘처럼 특별한 순간, 몽롱하게 달달한 향을 입으며 순간의 여운을 붙들고 싶다.

취향에 맞는 그림 한 점에 마음을 놓고 기분을 달래

듯이 손목에 한두 방울 떨어져 안온하게 몸을 감싸는 향기는 지루한 일상의 속성을 달콤하게 위로하고 지나간다. 짧은 순간 퍼져 나와 여운을 남기고, 흔히 오기 힘든 행복한 순간 사람과 사람이 가까워지는 거리에서 '이 순간을 기억해줘.'라고 말을 건네는 것.

어쩌면 이것이야말로 향수와 예술이 갖는 가장 큰 공통점이자 내밀한 여운을 가진 이들이 서로를 끌어당기는 가장 큰 이유가 아닐까.

약속시간이 다가온다. 기억을 붙들고 싶은 크기만큼 나는 강렬한 무언의 향을 품은 향수병을 집어 든다.

현실을

망각하는

뉴욕 판타지

▼

부산 멸아트비엔날레에 참여하기 위해 늦은 여름 부산을 방문했다. 원로 작가님과 연예인 홍보대사 등의 VIP 의전을 비롯해 손이 많이 가는 큰 전시를 위해 많은 사람이 긴장을 곧추세우고 오프닝을 진행했다. 광안대교 부근의 호텔에서 열린 저녁 만찬과 이후 지역작가들과의 술자리 등으로 떠들썩한 부산의 밤은 흥겹게 무르익어 갔다. 다음 날 영어라디오 인터뷰가 있던 차라 준비도 할 겸 자리를 대강 마치고 광안대교가 한눈에 보이는 호텔로 돌아와 예상 질문을 뽑아보며 낯설면서도 묘한 바다의 풍경을 한참 바라보고 있었다.

누가 봐도 감각 있고 시원시원한 미녀인 후임은 광안대교가 무슨 소용이냐는 듯 호텔에서 넋을 놓고 〈섹스 앤 더 시티〉에 빠져 있었다. 그게 그렇게 재미있냐는 질문을 툭 던지자, 후임은 외울 만큼 봤다며 드라마 예찬에 열을 올린다.

쉴 때는 단순하고 싶은 심리 때문에 그런 것인지 홍상수 감독 영화처럼 담담하고 여운이 긴 영화를 좋아하긴 하지만, 외국 영화나 드라마에서 여운을 느낀 적은 많지 않았던 것 같다. 굳이 이유를 찾자면 삶의 리얼리티에서 오는 공감의 코드가 적은 까닭이다.

미드 팬들을 비판하자는 것은 아니지만, 뉴욕이라는 판타지적 도시에서 트렌디한 환상만을 추출해 만들어진 드라마와 나 사이의 괴리는 좀처럼 좁혀지지 않는다. 내가 사는 일상의 편린이 다시 포장되어 외부의 자극으로 돌아오는 순간, 습관처럼 낡은 일상을 위무하는 필름의 마티에르에서 내 삶을 돌아볼 수 있는 여운이 뉴욕 문화권에 살지 않는 나에게 있을 리 만무하다.

1,800킬로미터의 시속으로도 14시간이나 날아가야 발을 딛을 수 있는 뉴욕은 물리적인 도시의 의미를 넘어 '트렌디'한 삶을 결정짓는 판타지 속의 도시로 자리한 느낌이다. 많은 젊은 여성은 캐리와 미란다, 뉴요커들이 살고 있는 공간의 의미를 단순히 멀리 떨어져 보는 가시권 안에서 그 환상만을 추출하려 한다.

전시 때문에 방문한 뉴욕에서 뉴욕 미술평론가 조나단 굿맨과 브런치를 나누며 뉴요커들의 가난함, 그 도시의 이면을 이야기한 일이 있었다. 아무래도 눈을 감춘 안경 곳곳에 'I ♥ NY'가 눈에 띄는 내 작품 〈Sealed Smile〉이 말하려 하는 바를 알고 있었기에 더욱 그런 양면성에 대해 설명하고 싶었는지도 모르겠다. 첼시에서 전시를 하는 것은 예술가들에게 화려한 선망으로 존재하지만 세계 미술의 중심부에서 쏟아져

Sealed Smile - I Love NY
2012 장지에 채색 53×45cm

뉴욕에서 엉덩이를 붙이기만 하면
캐리나 미란다처럼 살 수 있을 것 같지만
자신의 뿌리나 로컬의 경쟁력을 잃은 예술가들이
포트폴리오를 들고 유령처럼 부유하는 일도 적지 않다.
자신을 잃고 단지 뉴욕에 있다는 판타지 속에만 만취한 채
정신을 안위하는 착각 속에 살며.

나오는 거대한 이미지의 홍수에 휩쓸리다 보면, 그 가운데서 비명을 질러도 화가의 존재조차 인정받기 어려운 곳이 뉴욕인 것 같다. 뉴욕에서 전시만 하면 기회가 찾아올 것 같고, 뉴욕에서 엉덩이를 붙이기만 하면 캐리나 미란다처럼 살 수 있을 것 같지만 실상 자신의 뿌리나 로컬의 경쟁력을 잃은 예술가들이 포트폴리오를 들고 유령처럼 부유하는 일도 적지 않다. 정작 근간이 되는 자신을 잃고, 단지 뉴욕에 있다는 판타지 속에만 만취한 채 정신을 안위하는 착각 속에 살며.

자유와 화려함 이면에 지저분한 길가에 넘쳐나는 쓰레기, 트렌디한 화려함 속에 편승하지 못한 이방인들이 한 달을 살아가기 위해 분투하며 배회하는 두 얼굴의 도시. 돈이 많으면, 아니 돈이 많아야 행복한 도시라는 조나단의 말에 씁쓸한 웃음을 지으며 화제를 돌렸다.

기념비적인 루이비통이 결정하는 사랑의 가치, 메그놀리아 컵케이크처럼 달달하고 일시적인 선망, 제 눈을 가리고 억지 웃음을 지은 채 단순히 판타지만을 좇고 있는 많은 이들에게, 한 번쯤 그 도시의 안쪽까지 파헤쳐가며 자신의 삶을 자문해보라는 메시지를 던지고 싶은 마음을 화판에 옮긴다.

〈섹스 앤 더 시티〉에 집중한 후임에게 문화식민지를 운운하는 지루한 밤을 만들기 싫어 "재미없다."며 일찍 이불을 덮어버린 나를 후임도 이해하기는 어려웠을 것이다.

명품백을
리드하는
카리스마

"20대 여성으로서의 제 모습을 드러내는 문제를 넘어, 작가로서의 제 위치, 무엇보다 작품까지 가볍게 비추어질 수 있는 부분이 우려됩니다."

올 초 자주 섭외가 들어오곤 했던 인기 미팅 프로그램 출연을 거절하며 장문의 글을 작가님께 보냈다. 지나치게 트렌드만을 앞세운 매체나 미팅 프로그램 등 가벼운 이미지를 줄 수 있는 경로를 피하는 것은 나름의 원칙이다. 나 자신이 그리 가볍기만 한 사람도 아닐 뿐더러 가뜩이나 외피가 장식적이고 짐짓 가벼워 보일 수 있는 작품을 하고 있는데, 작품을 대하는 진지한 자세까지 폄하되는 것이 우려되어 어느 정도 나를 진솔하게 보여줄 수 있는 매체가 아니면 출연을 꺼리는 면이 있다.

돌아보면 더 유명해지고, 더 돈을 잘 벌 수 있는 새빨갛게 자극적인 방법이 없었던 것은 아니었다. 그러나 스스로의 가치에 내밀하게 침잠하던 어느 순간부터 한시적인 가치라 판단되는 일에서만큼은 몸을 사려왔다.

세속에 깊게 뿌리박혀 살며 전공과 일, 지인들의 특성상 나의 20대는 온갖 트렌디하고 화려한 문화를 빠르게 수혈받을 수 있었다. 파티플래너로 종사하는 친구들 덕에 자주 찾았던 반짝이는 호텔 파티부터 느지막한 시각의 허름한 실내포차까지 다양한 테이스트를 가질 수 있었던 것은 20대 가치관 형성에도 중요한 몫을 했을 터였다.

기분전환을 할 때면 종종 찾던 호텔 파티의 휘황함 어귀에서, 스무 살 언저리의 학생에 불과했던 나는 때때로 어른들 사이를 부유하는 이방인 같은 느낌을 지울 수 없었다. 밴드의 음악소리도, 손목에 걸쳐진 시계 특유의 세라믹 촉감도, 손에 들고 있는 핸드백 하나조차도 나와 완전히 흡수되지 못하는 느낌이었다. 그나마 부모님 덕으로 내 모습을 유지하던 나에게 이들을 리드할 힘이 없었음은 당연했다. 그리고 삶의 한 모퉁이를 돌아 서른을 맞을 즈음이면 나는 완전하게 이 황홀한 불빛과 어우러지는 사람이고 싶었다.

완벽하게 어우러지는 사람이란 빌려 입은 연미복 같은 가시적인 화려함이 아니다. 공간이 함의하는 진실이 있었다면, 그건 나에게 20대 초반 철없는 여자애들이 바에서 나누는 지리멸렬한 수다와는 다른 의미였다. 좋은 차 대신 토담색 택시를 타고 로비 앞에 내리더라도, 손가락 마디를 감싸는 그럴싸한 토트백의 가죽 감촉이 없더라도 다만 스스로 빛을 내는 항성처럼 내 이름이 곧 가치가 되는 시간이 온다면. 그 밤에 나는 그 어느 때보다 우아하고 당돌한 표정으로 이 공간의 휘황함을 면면히 누릴 수 있을 것 같았다.

그날 밤이 온다면 어떤 손님보다 근사할 수 있으리라 생각한 것은 아무런 장식 없이도 당당할 수 있는 분명한 깊이와 내밀한 아우라에 대한 선망이었을 것이다.

지나친 화려함은 되레 사람의 내면을 약해 보이게 만들고 천박하게 전락시키는 재주가 있다. 명품을 자신을 지키는 방어기제로 생각하는 지인이 있었다. 고가의 백과 눈에 띄는 패턴의 명품으로 온통 치장하고, 때론 고급 승용차 키를 보란듯이 몸에 걸고 약속장소에 나타나기도 했다.

그녀는 늘 조금 불안해했다. 색기 가득한 명품들을

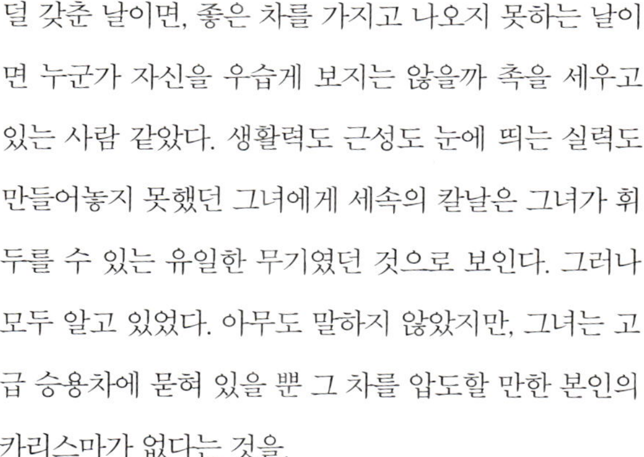

덜 갖춘 날이면, 좋은 차를 가지고 나오지 못하는 날이면 누군가 자신을 우습게 보지는 않을까 촉을 세우고 있는 사람 같았다. 생활력도 근성도 눈에 띄는 실력도 만들어놓지 못했던 그녀에게 세속의 칼날은 그녀가 휘두를 수 있는 유일한 무기였던 것으로 보인다. 그러나 모두 알고 있었다. 아무도 말하지 않았지만, 그녀는 고급 승용차에 묻혀 있을 뿐 그 차를 압도할 만한 본인의 카리스마가 없다는 것을.

그렇다고 악어가죽을 좋아하는 자체가 허영은 아니다. 한 오래된 브랜드의 지루한 매너리즘을 타파한 루이비통의 무라카미 콜라보레이션백은 오타쿠성을 예술로 끌어올린 하나의 작품을 의미할 수도 있다. 단순히 무라카미를 사치의 표상처럼 들고 다니는 것과 무라카미의 가치를 선망하는 마음으로 백을 소장하는 것

Sealed Smile - HERMES
2011 장지에 채색 50x50cm

Sealed Smile - GUCCI
2011 장지에 채색 30x30cm

장식 없이도 묵묵한 아우라를 발하는 항성일 수 있다면
그 모습이야말로 무라카미 백도, 샤넬 2.55 퀼팅백도
대신할 수 없는 강력한 카리스마가 될 것이다.

에는 차이가 있다. 단순히 겉으로 보이는 허세가 아닌 합당한 소비의 이유가 있다면야 고가의 프랜차이즈 커피나 명품백은 단순한 허영이나 사치를 넘어서는 개인적인 가치관의 연장임을 이해할 필요가 있는 까닭이다.

나름의 원칙을 갖고 내 이름 석자를 지켜오며, 어느 건물보다 견고한 구조로 남산 중턱을 지키고 선 하얏트에서 전시도 하며, 좀 더 내밀한 가치를 채워가며 스무 살 언저리 때 느꼈던 기억의 공명과 이상은 점차 간극을 좁혀 갔다.

여백이 호흡하는 화면과 비백의 탁월함, 조선 후기 미술과 동양화가 주는 매력은 무엇보다 감추고 줄이는 겸손함이다. 흰 여백을 통해 더 깊은 언어를 짐작하게 만드는 힘, 침묵의 언어가 더욱 강렬하게

시선을 엄습하는 카리스마 말이다. 저마다 잘난 것만 드러내는 데 혈안이 되어 있을 때 아무 장식 없이도 묵묵한 아우라를 발하는 항성일 수 있다면, 그 모습이야말로 무라카미 백도, 샤넬 2.55 퀼팅백도, 마놀로 블라닉이나 크리스찬 브루탱 하이힐도 대신할 수 없는 강력한 카리스마가 될 것이다.

향을 아끼는 동양화 한 폭의 매화나 조선 백자 달항아리처럼 내밀하게 빛나는 깊이. 적어도 나 자신의 가치가 내가 들고 있는 백을 압도할 수 있는 아우라가 필요하다.

04

관심, 화폭을 펼치면 사랑이 시작된다

작은 마음의 상처가 어깨를 무겁게 짓누르는 날에 마음 단단한 고양이를 한참 바라보면
그저 최선을 다해 삶을 대해야 하는 묵묵한 태도를 배우게 된다.

추억이 어울리는 자리

"나는 뒤끝 있는 영화가 좋아."

농담 삼아 하는 말이지만, 책이든 영화든 나는 스토리 중심의 작품보다 장면 장면의 여운이 마음 깊이 파고드는 작품을 좋아한다. 좋아하는 것을 넘어 그런 류에만 흥미가 간다고 하는 편이 맞다. 영화 〈원스〉, 〈비포 선셋〉의 사람냄새 나는 마지막 장면의 여운은 오랫동안 가슴을 먹먹하게 하고, 〈멋진 하루〉의 병운과 희수가 주고받는 솔직한 궁상맞음은 적당히 불편한 리얼리티를 전한다.

책 역시 한순간 재미와 말초적인 즐거움만 남기고 증발해버리는 것보다는 행간 하나하나에 내가 숨 쉴 공간이 할애된, 그래서 그 틈새에 내 삶의 기억들을 하나둘 끼워둘 수 있는 에세이만 편식하게 된다. 담담한 리얼리티를 선호하는 별수 없는 나의 취향이다.

영화 〈냉정과 열정 사이〉는 장면마다 숨을 쉴 여지가 있고 음악 한 마디마다 긴 여운이 폐부를 파고드는 영화다. 스물한 살 길을 잃은 눈발이 시야를 어지럽히던 어느 겨울에 《냉정과 열정 사이》를 읽었고, 엇비슷하게 공기가 차갑던 스물일곱에 그 해묵은 여운이 그리웠던 탓인지 고요한 사무실 한 켠에서 영화로 다시 보게 되었다. 스물을 넘긴 남녀라면 한 번쯤 겪어보았을 그리움의 쌉쌀한 감정, 아니 터트리지도 삭히지도 못하는 그리움의 멍울을 안고 현재를 사는 것처럼 행동하는 두 남녀의 이야기. 추억의 포박에 갇혀 사는 이들의 10년은 차라리 정지되어 있었다고 말하는 편이 낫다.

낮은 음조의 내레이션과 직업마저 과거를 복원하는

일인 선한 인상의 주인공 준세이처럼 영화의 시제는 한순간도 사랑이 발화했던 순간에서 떠나지 못했다. 다른 누군가를 그리워하면서도 육체적인 사랑을 하지 않는 것이 연애의 암묵적인 약속에 저촉되지 않는다는 이유로 이들은 서로 다른 연인과 현실을 합리화한다. 마치 애초에 이별한 적이 없었던 것처럼 현실의 연인이 추억의 자리를 채우지 못하는 순간마다 이들은 서로가 살고 있는 따뜻한 어둠 속으로 내밀하게 침잠하며 지겹고 이기적으로 현재를 산다고 말했다.

이미 온몸과 정신이 과거의 연인에게 포박되어 있는 것처럼 예민하게 움직이는 둘의 심리를 마주하는 일은 시종일관 불편했다. 나는 이들의 사랑이 극적인 재회를 맞아 다시 서로를 채워나가는 뻔한 신파로 영화가 끝나기를 내심 바랐다.

둘은 다시 만났다. 그러나 이들은 신파를 빗겨가며 오랜 시간 점철되었던 오해와 시간의 간극을 무너뜨리지 못한 채 망설였다. 20대 중반의 어색했던 해후의 골목 어귀에서도, 10년의 약속을 가슴에 품고 오른 두오모의 청아한 하늘 아래서마저 서로를 끌어안는 기적 대신 싸늘한 시선으로 현실을 물었다. 마음이 이미 다치고 피를 흘리는 자리에서 이들은 다시 가슴을 배반하고 머리로 말을 했다.

10년의 시간을 메워보려 한 침대에서 서로를 쓰러뜨리고 몸을 섞는 순간마저 불안이 엄습했던 것은 이들의 마음은 이미 시간을 역류해 10년 전의 기억 속에 웅크리고 있는 탓이라고 짐작했다. 아오이가 사랑하는 이는 준세이였고, 준세이가 사랑한 사람은 아오이였지만, 이미 세월을 탄 서로의 모습은 지나간 그 순간의

연인일 수 없다. 이들이 사랑하는 연인은 스무 살의 그 시간, 그 공간에서 함께한 준세이와 아오이다.

사랑이 발화한 찰나를 놓친 대가로 둘은 다시 헤어질 것이라고 짐작했다. 아오이는 밀라노 행 열차에 몸을 실었다. 그리고 '아오이'라는 이름이 살고 있는 가슴과 현실에 머물러 있는 머리, 냉정과 열정 사이를 첨예하게 저울질하던 준세이가 아오이보다 15분 먼저 도착한 열차에서 내려 그녀를 향해 손을 흔든다.

망연히 서로를 응시하는 플랫폼의 남녀와 빠르게 걸음을 옮기는 무의미한 군상 사이에서 또다시 시작될 이야기의 여운이 가혹하게 시선을 짓누른다.

지난 기억과 순수에 마음을 두고 걷기에 현실의 변화는 너무나 빠르게 타협을 요구한다. 어느덧 서른 즈음에 이르러 사랑과 이별이 거쳐 간 자리에 몽우리를

Sealed Smile - PAUL SMITH
2011 장지에 채색 30×30cm

잊히지 않는 사람은 있지만 그 사람은 지금의 그 사람이 아니다.
지금 내가 그리워하는 것은 내가 아니라 그 시절의 내 모습이다.

틔운 그리움의 씨앗에는 지나간 연인뿐 아니라 그 시절을 아름답게 살았던 나의 모습 또한 공존한다. 그날의 그 사람일 수 없고 그 시절의 나일 수 없다면 시간의 강을 지난 서로의 의미는 이미 과거에 저당 잡혀 정지한 것이다.

기억의 저쪽 언저리로 둥지를 튼 추억, 지난 그 순간을 후회할 일은 아니다. 불현듯 떠오르는 그 시절의 나 그리고 너와의 가슴속 해후를 때때로 담담하게 맞이하며 서로가 어울리는 그 시절의 자리에서 두고 볼 수 있는 것.

잊히지 않는 사람은 있지만 그 사람은 지금의 그 사람이 아니다. 지금 내가 그리워하는 것은 네가 아니라 그 시절의 내 모습이다.

온기가 채 자리를 잡지 못한 초봄의 추위 같은 영화

의 끝머리에서 하나 바라는 것이 있다면 그 플랫폼에서 준세이와 아오이가 다시 입 맞추지 않는 것이다.

추억의 자리가 어울리는 이들이 결국 힘겨운 피안에 다다를 일이라면 부디 둘은 다시 만나지 않길 말이다.

길고양이

선생님

▼

늦은 밤, 오렌지빛 가로등이 골목 깊숙이 고개를 파고들 무렵, 동네 어귀 담장 위에서 이른바 '식빵 자세'로 눈을 가늘게 뜨고 있는 길고양이를 어렵지 않게 발견할 수 있다. 가까이 다가가 빤히 얼굴을 보면 금세 눈을 동그랗게 뜨고 긴장을 곧추세운다. 고양이처럼 매 순간을 예민하게 사는 동물도 없다. 언제 어디서 나타날지 모르는 사람을 피해 생존하기 위한 길고양이의 날선 움직임은 애처롭기까지 하다.

깔끔하고 도도하고 독립적인 성격이 혼자 지내는 내 생활과 잘 맞을 것 같아 하얗고 예쁜 오드아이 눈을 가진 고양이를 키웠더랬다. 순하고 점잖은 집고양이는 내가 물을 떠줘야 물을 먹고 사료를 챙겨줘야 밥을 먹고 화장실 모래도 갈아줘야 한다. 혼자 생존할 수 있는 본능은 이미 많이 잃고 주인에게 사랑받으며 사는 법을 더 익숙하게 체득했다. 경계 없이 사람을 좋아하는 집고양이는 불과 벽 하나를 두고 세상 밖을 살아가는 길고양이와는 이미 다른 유전자를 지니고 살아가는 것 같다.

장난감을 갖고 놀다가 사료를 먹고 방울 달린 스크래처에 발톱을 긁거나 포근한 담요에서 낮잠도 곧잘 자는 집고양이와 달리 담장 밖 길고양이는 하루하루를 전투적으로 생존해야 한다. 고양이를 키우며 느낀 것이지만 고양이는 무척 깔끔한 습관으로 몸을 돌본다. 매일 손이며 얼굴을 씻고 화장실이 지저분한 것도 싫어하고 식탐이 심하지도 않다. 먹다 남기기도 일쑤고 내가 뭘 먹고 있어도 강아지처럼 징징대는 법이 없다.

그런 청결한 성격의 고양이가 먹을 것을 구하러 종일 돌아다니며 쓰레기 봉지를 뜯고 상한 음식을 먹는

다. 먹고 싶어서 먹는 것이 아니라 하루를 생존하기 위한 몸부림이다. 자신의 영역을 지키기 위해 때론 발톱을 세우고 싸우기도 하며 훈장 같은 상처를 몸 곳곳에 달고 동네 터줏대감처럼 자리를 지키고 있다. 나중에 알게 된 사실이지만, 고양이 평균수명이 15년인데 길고양이는 불과 4년 안팎을 살다 세상을 떠난다고 한다. 병에 걸리고 굶고 겨울을 넘기지 못해 그 지독한 생존력에도 결국 차가운 길에서 고단하기만 했던 생을 마감하는 것이다.

힘들고 희망이 안 보이면 스스로 죽음을 선택해 자살할 수 있을 만큼 인간은 영리한 동물이지만, 바닥보다 낮은 곳에서 하루를 생존하려 분투하는 고양이를 보면 때론 그 강인함이 존경스러울 때가 있다. 살고 싶어서 사는 길을 선택한 것이 아니라 살아야 하니까 차

Sealed Smile
2008 장지에 채색 30×30cm

Sealed Smile
2007 장지에 채색 60×100cm

오랜 시간 골목 모퉁이를 점유하며 생존해온
길고양이를 바라보고 싶은 날이 있다.
발걸음이 무거운 날에.
작은 마음의 상처가 어깨를 무겁게 짓누르는 날에
마음 단단한 고양이를 보면
최선을 다해 삶을 살아야 함을 배운다.

가운 길에서 생을 연명해가는 얼룩무늬 고양이들. 군사의 상흔 같은 누런 얼룩을 이고 힘들고 척박해도 주어진 운명을 인정하며 그 삶을 지키기 위해 쓰레기통을 뒤지는 고양이는 늘 최선을 다해 순간을 생존한다.

길고양이가 지저분하다며 고양이를 박멸해야 한다고 언성을 높이는 사람들 사이에서 오랜 시간 골목 모퉁이를 점유하며 생존해온 고양이를 묵묵히 바라보고 싶은 날이 있다. 발걸음이 무거운 날에, 작은 마음의 상처가 어깨를 무겁게 짓누르는 날에 마음 단단한 고양이를 한참 바라보면 그저 최선을 다해 삶을 대해야 하는 묵묵한 태도를 배우게 된다.

세상이 야박해도 살아야 하는 이유를 길고양이들은 이미 알고 있으므로.

나의 세계는
달인가,
6펜스인가

공자가 불혹이라 했던 마흔에 이르러 홀연 아내와 자식을 버리고 화가의 길을 걷기 시작한 어느 증권 중개인의 이야기.

안정된 직장을 버리고 상식적으로 이해할 수 없는 행로를 택한 남자의 삶을 묘사하며 영국 작가 서머싯 몸을 일약 세계적인 작가에 올려놓은 소설《달과 6펜스》.

후기 인상파의 대가 폴 고갱이 사망한 지 1년 뒤인 1904년, 파리에 들렀던 서머싯 몸이 타히티에서 생을 마감한 고갱의 이야기를 처음 접했을 때 어떠한 광기가 그토록 그를 사로잡았던 것일까.

원색의 광기에 홀린 듯 서머싯은 고갱의 흔적을 찾아 타히티의 땅을 밟으며 그 광기에 대한 영감 하나로 주인공 찰스 스트릭랜드를 원고 속에 잉태했을 것이다. 해묵은 책의 스토리가 어렴풋해질 즈음, 흑백 필름

의 앤티크한 화면에 불현듯 갈증이 느껴지던 어느 날 영화 〈달과 6펜스〉를 집어 들었다.

현실과의 타협이 익숙할 나이에 일구어놓은 가정을 버리고 자신을 지극정성으로 돌보아준 친구의 아내와 정을 통하고, 또다시 순정을 바친 여자의 마음을 짓밟아 자살로까지 몰고 간 지독하게 나쁜 남자 찰스 스트릭랜드의 삶을 한번 이해해보고 싶었다. 책임의 무게가 어깨를 누르는 20대 후반에 벌어진 도무지 이해할 수 없는 상황 앞에, 윤리를 거스르고 열정에만 충실했던 비상식적인 나쁜 남자의 일생을 느껴보고 싶었다.

화가가 되겠다고 처자식을 버리고 떠나간 후 가난과 병으로 침상에서 일어나지 못했던 그를 돌보아준 친구의 아내를 탐하던 순간에도, 빼앗은 그녀를 배신하고 그녀가 자살하던 순간에도, 사랑했던 아내를 잊지 못하고 고통받는 친구의 모습을 보는 순간에도 찰스는 죄의식을 느끼지 않았다. 오히려 자신을 소유하려 했던 여자의 나약한 순정을 비웃었던 그는 오직 스스로의 만족만이 전부인 듯 지독하게 이기적인 모습이었다.

우주를 유랑하듯 자유로운 마음에는 과거에 대한 집착도, 미래에 대한 두려움도 없었고 맘대로 살지 못하게 만드는 규범을 호탕하게 비웃기까지 했다.

미래의 무언가를 위해 규율과 인습, 양심, 도덕, 윤리에 귀속되어 소유하지 못한 것을 불안해하며 혹여 소유하고 있는 것을 잃지 않을까 두려워하는 보통의 존재들이 6펜스의 세계에 살고 있다면, 그가 사는 곳은 달의 세계였다.

그리고 예술을 향한 열정과 광기, 비윤리적이고 낡

고 병들고 비열한 세상은 되레 과감한 색감과 터치로 승화되어 화폭 안에서 규범을 초월한 새로운 세계를 만들었다. 두 가정을 파멸로 이끈 후 화가는 원초적 순수를 찾아 타히티 섬을 찾게 된다. 자연적인 삶의 풍경에 매료된 화가는 은둔 예술가로 살아가며 현지 원주민 여인 아타를 아내로 맞아들이지만 정착한 지 오래되지 않아 그는 한센병을 앓게 된다. 병으로 눈이 멀게 된 순간까지 대형 화폭에 열정의 색을 표현했던 그에게 예술의 의미는 그토록 뜨거운 것이었나 보다. 벽면 가득 채운 걸작을 오두막에 남긴 채 오두막을 태워달라고 유언한 그는 생의 마지막 페이지까지 허망한 광기로 충만했다.

남편과의 마지막 약속을 지킨 아타에 의해 태워 없어진 오두막과 마지막 걸작은 쾌락의 끝마디처럼 뜨

Sealed Smile
2010 장지에 채색 130×97cm

동일한 가치를 추구하며 살아야 하는 현실의 세계.
그 세계의 일탈을 허용하며 현실을 되묻게 하는 예술가의 존재.
광기의 세계가 묶여 있는 예술가의 화폭은 곧 박제된 달의 세계다.

거웠지만 담담했다. 찰스 스트릭랜드는 현실과 이상의 간극 사이에서 현실적 규범을 따르는 일반적인 사람들이 갈 수 없는 행보를 걸었다. 태어났기 때문에 인습의 삶에 끼워 맞춰져 살기보다 상식을 역류하며 일탈을 반복하고 살았던 그는 범인들이 삶의 마지막 순간까지 표출하지 못한 채 끌어안고 가는 광기의 의미를 담담히 되묻는다.

윤리적 잣대로 판단했을 때 가장 비열하고 더러웠으며, 세속적 가치로 판단했을 때 가장 비루했던 화가의 이기적인 삶은 소유와 집착과 규범에 얽매이지 않은 원시적인 자유를 상징한다. 타히티와 원시 여자, 통념을 깨고 나간 원색의 물감이 어우러진 화폭이 일반적인 사람들은 만들어낼 수 없는 에너지를 품은 까닭도 여기에 있다.

누구에게나 달의 세계와 6펜스의 세계는 있다. 나 역시 정규교육을 받고 자란 한국사회의 스물아홉 사회인 예술가로, 규범을 버린 예술가의 광기는 먼 세계의 이야기다. 온전히 나를 놓아버리는 무한한 자유 그리고 현실의 첨예한 대립 속에 가책을 느끼고 절망하고 불안해하지만 규범의 울타리 속 세계를 붕괴하기란 어려운 일이다. 사적인 부분까지 예술가라 광고하듯 제멋대로 살아가는 예술가의 '똘끼'를 갖기 어려운 솔직한 이유다.

동일한 가치를 추구하며 살아야 하는 현실의 세계, 그 세계의 일탈을 일부 만족시켜 주며 현실을 되묻게 하는 예술가의 존재. 통념이 없는 광기의 세계가 묶여 있는 예술가의 화폭은 곧 박제된 달의 세계다.

예술가의 생은 비루했을지언정 얽매임 없이 순간을

살다 간 원색적인 쾌락의 광기는 예술 작품의 고매한 이름으로 타오른다. 그 광기를 내 삶으로 가져올 수 없고 원하지 않더라도 그 세계를 이해하는 길은 이 땅에서 예술가로 살아가는 나의 몫일 것이라는 생각이 짐짓 여운을 남긴다.

그림은
마음으로
읽는다

▼

이 세상 어느 곳이 꿈꾼 도원인가
은자(隱者)의 옷차림새 아직도 눈에 선하거늘
그림 그려 보아 오니 참으로 좋을씨고
여러 천년 전해지면 오죽 좋을까
그림이 다 된 후 사흘째 정월 밤
치지정에서 마침 종이가 있어
한마디 적어 맑은 정취를 기리노라

_안평대군

골짜기를 굽이굽이 돌아 마침내 도달한 신선의 땅.

그날 밤, 안평대군의 꿈에 흐드러진 복숭아꽃은 이상을 꿈꾸는 감성과 현실적 야망이 혼재하던 시절 혈기 넘치는 젊은 왕자에게 어떤 의미로 다가왔던 것일까. 험준한 괴암을 건너 꽃잎 흐드러진 몽환적인 도원

을 구름 위를 거닐듯 가볍게 누볐을 한 자락 꿈은 이후 안견의 손에서 탄생할 걸작의 태동을 알리는 일이었다.

조선을 대표하는 컬렉터로 예술에 조예가 깊었던 풍류왕자 안평대군이 가장 아끼는 예술가는 안견安堅이었다. 예술을 사랑했던 안평대군은 화가와 예술을 통해 교우하는 것을 즐거워했고, 안견은 그 당시 화원으로는 파격적인 직급인 정4품을 수여받으며 안평대군의 총애를 받는다. 안평대군은 안견에게 새로운 재료나 그림을 거리낌 없이 보여주었으며 안견의 안목이 자라남을 스스로도 즐거워하던 이상적인 후원자였다.

조력자이자 친구이자 스승으로 안견 곁을 지켰던 안평대군은 분명 안견을 앉혀놓고 흥분이 가라앉지 않은 어조로 간밤 꿈의 이야기를 늘어놓았을 것이다. 박팽년과 함께 걸었던 아득한 신선의 마을, 이후 최항, 신숙주와 몇 번을 오르내렸다던 복숭아꽃 만발한 도원의 깊은 인상은 《몽유도원기》에도 잘 나타나 있다. 든든한 후원자가 말한 도원의 모습을 눈을 감고 묵묵히 따라 밟았을 안견은 안평대군의 꿈의 여운이 채 사그라들기도 전에 작품을 완성한다. 도원의 꿈에서 깬지 사흘 후, 당대 화풍이 총망라된 시대의 역작 〈몽유도원도〉는 그렇게 모습을 드러냈다.

위대한 컬렉션은 창작의 또 다른 이름이라고 했다. 명작이 필연적으로 그를 기다리는 주인을 만나 역사에 기록되기까지의 행로는 작품에 더욱 각별한 의미를 신는 듯하다. 조선 최고의 컬렉터 안평대군 없이 〈몽유도원도〉가 탄생하기 어려웠듯 역사 속 컬렉터는 단순한 수집가 이상의 의미였다.

안평대군처럼 화가의 막역한 친구가 되어 명작이

탄생할 수 있도록 작가의 안목을 기르고 후원을 아끼지 않은 컬렉터가 있는가 하면, 망국의 한이 서려 있던 일제 강점기에 사재를 털어 문화의 맥을 지켜낸 컬렉터도 있었다. 또한 쿠르베의 〈세계의 기원〉의 기나긴 여정과 같이 윤리적 통념이 예술의 의미를 받아들이기 어려웠던 시절에 시대를 앞서 나간 발칙한 작품을 지켜내기 위해 필사적으로 노력한 컬렉터의 모습도 있었다. 최근에 이르러서 컬렉터는 작품 자체의 가치에도 적극적으로 영향을 미치고 있는 모습이다.

미술평론가이기도 한 김종근 대표님은 좋은 옷이나 여타 취미보다 그림 한 점을 소장하는 것에 가장 큰 행복을 느낄 만큼 지독하리만치 예술을 사랑하는 분이시다. 돈이 없던 시절에는 빌려서라도 작품을 구입했던 이야기도 종종 해주시는데, 그런 대표님 밑에서 녹을 먹는 직원들은 자연스레 주변의 영향을 받아 그림이 주는 가치를 이해할 수 있었다.

조선 후기와 근대 미술품을 중심으로 컬렉션을 하시는 전 대우그룹 이우복 부회장은 현존하는 국내 최고의 컬렉터라 해도 과언이 아닐 만큼 한국 미술에 대한 애정과 안목이 높으신 분이다. 지면을 통해 컬렉션이 노출되는 것을 극도로 싫어하실 만큼 작품을 내세우지 않는 것이나, 감추고 침묵하며 비워내는 조선백자처럼 겸손한 마음은 컬렉션과 컬렉터가 너무 잘 어울리는 모습이었다. 회장님께서는 어스름한 저녁시간 와인 한잔과 함께 미술 관련 지인들과 식사하고 이야기 나누는 것을 좋아하시는데, 사무실과 서교동이 가까운 이유로 퇴근 후 종종 찾아뵈며 지인들과 회장님의 품격 있는 오랜 컬렉션 이야기를 듣곤 했다.

이우복 회장님처럼 이중섭, 박수근 등 미술사의 기라성 같은 작가의 작품을 모은 컬렉터가 있는가 하면 북유럽 빈티지 그릇 컬렉터 김연화 씨는 '연화'라는 이름과 연관된 느낌 있는 컬렉션을 즐긴다. 출장 때마다 하나둘 모으던 컬렉션이 쌓인 뒤에는 부암동에 터를 잡고 빈티지 그릇을 전시하는 커피숍 데미타스를 오픈하며 많은 이와 그 특별한 멋을 나눈다.

홍대라는 지리적 위치와 잘 어울리는 뽈랄라 수집관은 잡동사니를 수집하는 현태준 컬렉터가 꾸려나가는 공간이다.

해외에서도 알려진 오리지널 오브제로 구성된 명소 Aa 뮤지엄의 김명한 대표님의 공간은 거대한 스케일의 가구 컬렉션이 보는 이를 압도한다. 이런 다양한 컬렉터와의 만남은 나에게도 자연스레 컬렉션을 일상의

Sealed Smile
2008 장지에 채색 163×130cm

다른 가치를 긴축하면서도 그림 한 점을 사는 것은 가치관의 차이다.
작가의 손을 떠난 작품은 독립된 하나의 영혼으로 변모하며
가치와 정신, 현실의 각박함을 초연하게 위로하는 오랜 친구가 된다.

일부로 견인하게 했다.

컬렉션이 꼭 돈으로만 할 수 있는 취미는 아니라는 것을, 취향이 담긴 컬렉션이 주는 즐거움을 깨닫고 난 후 나 역시 다른 작가들의 작품에 종종 마음을 놓곤 한다. 고가의 작품 원화를 구입하기 어려울 때는 판화를 구입하기도 하고, 작가들끼리 마음에 드는 작품을 교환하기도 한다. 핸드백에 그림을 그려 개인소장용으로 하나씩 보관하는 것도 일을 하면서 자연스럽게 얻게 된 취미다. 가방이 가진 고유의 패턴에 메시지를 담아 어울리는 이미지를 그려 넣는 순간 본연의 성격과는 다른 새로운 가방이 탄생하는 기분이다. 빈티지백에 섬유물감이나 아크릴로 작품을 그려내면 세상 둘도 없는 가치를 지닌 나만의 백 컬렉션이 쌓이는 것이다.

다른 가치를 조금 긴축하면서도 그림 한 점을 사는

것은 가치관의 차이다. 작가의 손을 떠난 작품은 독립된 하나의 영혼으로 변모하며 가치와 정신, 현실의 각박함을 초연하게 위로하는 오랜 친구가 되어 나를 맞이한다. 내가 나의 주제에 꾸준히 천착하듯 참 다양한 조형언어로 다른 그림을 그려주는 화가들이 많은 것에 때때로 감사하는 순간이 있다. 내가 표현하고 싶은 내 이야기는 아니지만, 분명 그 새로운 세계에 미지의 동경과 감성의 충족이 이루어질 때가 많은 까닭이다. 그래서 나는 그림을 그리면서도 그림을 모은다.

박대조 작가님의 작품 〈염원〉은 이른 아침과 늦은 밤 시간에 감상할 때에 가슴을 먹먹하게 한다. 침실 한 켠에 놓인 〈염원〉을 보며 차를 한 잔 하고 싶다. 여타 말을 꺼내지 않아도, 익숙한 묵묵함을 가진 오랜 친구와 마주 앉듯.

05

이별, 불안하니까 아름답다

뮤즈를 꿈꾼다.

내가 주인공이든 상대가 주인공이든 한 사람의 세계에 신화로 남는 유일한 사람으로

심장에 뿌리 깊게 박히는 그런 뮤즈를.

청춘은
불안하기에
아름답다

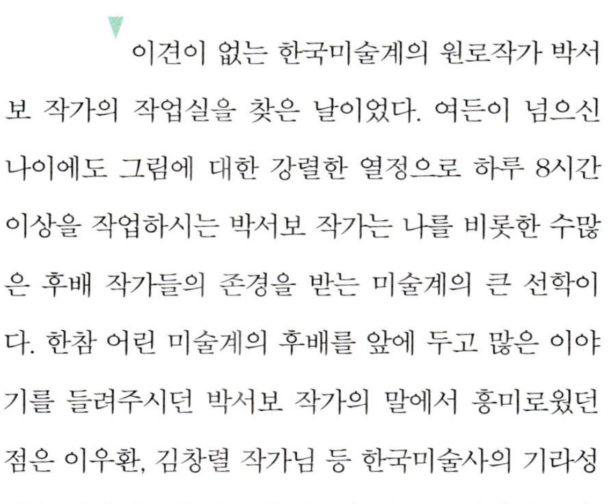

이견이 없는 한국미술계의 원로작가 박서보 작가의 작업실을 찾은 날이었다. 여든이 넘으신 나이에도 그림에 대한 강렬한 열정으로 하루 8시간 이상을 작업하시는 박서보 작가는 나를 비롯한 수많은 후배 작가들의 존경을 받는 미술계의 큰 선학이다. 한참 어린 미술계의 후배를 앞에 두고 많은 이야기를 들려주시던 박서보 작가의 말에서 흥미로웠던 점은 이우환, 김창렬 작가님 등 한국미술사의 기라성 같은 선배님들과 편하게 이름을 부르는 막역한 교우관계였다.

선의의 경쟁자로, 외로움을 달래는 친구로 오랜 시간을 쌓아 오신 원로 작가들의 이야기가 한참 어린 후학의 입장에서는 에피소드가 담긴 미술사 책처럼 호기심을 자극했다. '함께'가 더할 나위 없이 어울렸던 스타일리시한 친구 앤디 워홀과 바스키아처럼, 혹은 캔버스를 가운데 두고 으르렁대던 고갱과 고흐처럼 역사 속 예술가의 친구들은 늘 그림 밖의 풍부한 이야깃거리다.

최근 한 포털사이트에서 인물 검색과 함께 그 인물의 소셜 네트워크를 보여주는 흥미로운 기능이 추가되었다. 큰 의미를 두지 않고 트위터에 팔로우 했던 유명인이 고스란히 수면 위로 드러나는 것을 보며 사람과 사람과의 네트워크에 대한 최근의 관심이 실감났다. 더 오랜 시간이 지나면, 지금 막역하게 지내는 동료 작가와 기획자들은 어떠한 관계의 피드백을 이루며 지내게 될지 짐짓 궁금해지기도 했던 기억이다.

〈리틀 애쉬〉는 이처럼 거장 달리의 청년기 친구들의 우정과 사랑을 그린 영화다. 흘러내리는 시계와 초

현실적인 상상으로 둘러쳐진 신비의 세계를 설계한 20세기의 대표적인 초현실주의 화가 살바도르 달리. 광기어리고 교만했던 달리의 삶을 말할 때 늘 그의 뮤즈로 기억되는 영감의 원천은 갈라 엘뤼아르였지만, 영화의 촉수는 갈라에서 벗어나 10대의 달리에게로 맞춰진다. 청년기의 격정적이고 복잡했던 감정에 늘 입을 닫았던 달리였지만, 그 기억의 언저리에는 이내 뱉어내지 못하고 포기했던 언어가 흩어져 있었던 것이었을까. 생을 마감하기 3년 전, 달리는 자신의 자서전을 집필한 이언깁스에게 고백했다.

"그것은 관능적이고 비극적인 사랑이었다."

〈리틀 애쉬〉는 달리가 남겼던 이 특별한 문장으로

부터 출발한다.

1922년 스페인 마드리드 대학에 아방가르드한 패션과 독특한 분위기를 풍기는 열여덟 살 달리가 발을 내딛는다. 기상천외하고 돌발적인 행동과 스스로에 대한 과대망상에 빠져 있던 달리는 마치 다듬어지지 않은 원석처럼 천재 예술가의 일면을 엿보인다. 그런 달리에게 숙명적으로 매료되어 이내 서로의 영감을 나누게 되는 페데리코 가르시아 로르카와 루이스 브뉘엘. 젊은 그들은 훗날 자신들이 스페인을 대표하는 미술, 문학, 영화의 거장이 되리라고는 미처 알지 못했을 것이다.

영화는 예술적 천재성이라는 매개가 있기에 더욱 내밀했던, 그리고 혼란스러웠던 이들의 삶을 찬찬히 읽어 내린다.

스페인 북부 출신 괴팍한 성격의 소유자 달리와 남부의 온화한 성품을 가진 로르카, 이들은 여느 천재가 그렇듯 감정의 온도가 유독 높았기에 정제되지 못한 모난 감정들을 탁탁 소리 내며 서로의 영감이 되어갔다.

브뉘엘은 동성애자였다. 시와 그림을 매개로 한 우정의 감정에는 묘한 기류가 흘렀다. 그러던 어느 여름날, 달리는 가족과 시간을 보내던 마음의 고향인 휴양지 카다케스에서 로르카와 함께하게 된다. 그곳에서 달리는 이미지가 혼합되고 피를 흘리는 작품을 완성하게 되고, 그림에 매료된 로르카는 작품에 제목을 붙여준다.

'리틀 애쉬', 우리는 모두 언젠가는 재가 되어 흩어진다는 메시지는 제목으로 이름 지어진, 격정적인 순

Sealed Smile
2008 장지에 채색 163×130cm

지독하게 과격하고 자아도취적이고 뜨거웠다.
더 깊고 내밀하게 예술과 사랑을 으르렁대며
서로의 영감으로 침잠할 수 있었다.
한줌의 재로 사라지게 된 거장들의 젊은 시절 향수가 아련하다.

간과 허무를 담은 영화의 키워드다.

푸른 달빛이 신비롭게 부서지는 카다케스 호수에서 수영을 하던 달리와 로르카가 입을 맞추는 장면은 영화의 백미다. 예술적으로도, 감정적으로도 구분 지을 수 없는 서로의 감정이 아름다운 달빛과 어우러져 발화되는 순간이었다. 예술적 교감과 얽힌 서로에 대한 사랑을 확인하고, 아슬아슬하게 감정을 줄 타던 이들이었지만 동성애가 쉽게 받아들여지지 않던 시대는 이들을 온전한 사랑으로 이끌지 못했다.

달리는 동성애는 반도덕적 행위라며 못을 박았던 브뉘엘을 따라 파리로 떠나게 되고, 달리를 사랑했던 로르카의 사랑은 좌초되고 말았다. 이후 로르카, 브뉘엘, 달리는 문학과 영화와 미술의 각 분야에서 스페인이 사랑하는 거장이 되고, 달리는 40여 년간 그의 뮤즈로 기억된 갈라의 곁에서 수많은 작품을 창조하며 로르카와의 관계를 부인한다. 자유를 갈구하며 시를 쓰다가 짧은 생을 접게 되는 천재시인 로르카 그리고 결국 로르카와의 관계를 비극적인 사랑이었다고 고백한 달리. 영화는 달리와 로르카의 이루어질 수 없던 사랑과 이별에 초점을 맞춘 비밀스러운 청춘일기의 한 페이지를 열어 보인다. 변화의 바람이 불던 스페인 마드리드의 청춘일기는 거장으로 남기 전, 젊은 예술가들이 겪었던 사랑과 우정과 불안의 혼란스러운 감정을 예민하게 그려냈다.

지독하게 과격하고 자아도취적이고 뜨거웠던, 그래서 더 깊고 내밀하게 예술과 사랑을 으르렁대며 터트려나가 결국 거친 파도가 지나간 바다처럼 서로의 영감으로 침잠할 수 있었던, 그리고 한 시대에 각인되는 천재로 기록되며 기억의 편린만을 흩어놓고 한줌의 재로 사라지게 된 거장들의 젊은 시절 향수가 아련하다.

청춘은 불안하기에 아름답다.

진주
귀걸이를
한 소녀

〈진주 귀걸이를 한 소녀〉를 처음 보았던 날, 그림이 쏟아내는 폭발적인 임팩트에 명작이라는 탄성이 절로 나왔다. 파란 터번을 쓴 음울한 눈빛의 소녀 이미지로 익숙한 요하네스 얀 베르메르. 역사의 먼지에 덮여가던 베르메르의 화면은 마르셀 프루스트의 소설《잃어버린 시간을 찾아서》에서 최고의 작품으로 언급되며 세상의 이목을 집중시켰다. 마흔 남짓의 짧은 일생 동안 30여 점의 작품만 남기고 떠난 화가. 희뿌연 안개가 둘러친 듯 족적이 불분명한 화가의 생에 선명하게 남겨진 소녀의 이미지는 '북유럽의 모나리자'로 불리며 무수한 추측을 불러일으켰고, 〈진주 귀걸이를 한 소녀〉의 탄생 배경은 픽션으로 태어나 책장과 필름에 담기기 시작한다.

영화 〈진주 귀걸이를 한 소녀〉는 베스트셀러의 반열

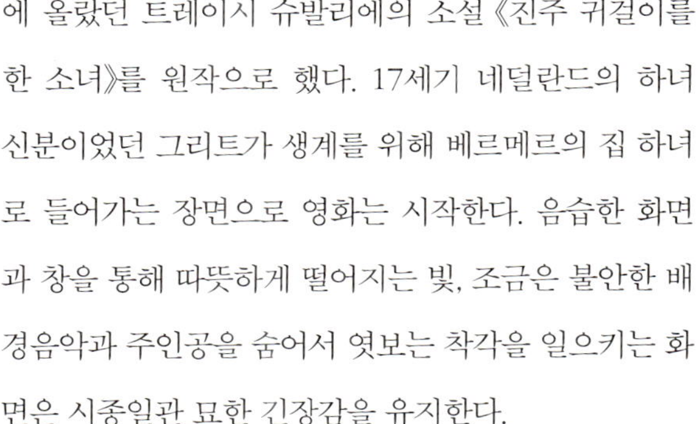

에 올랐던 트레이시 슈발리에의 소설《진주 귀걸이를 한 소녀》를 원작으로 했다. 17세기 네덜란드의 하녀 신분이었던 그리트가 생계를 위해 베르메르의 집 하녀로 들어가는 장면으로 영화는 시작한다. 음습한 화면과 창을 통해 따뜻하게 떨어지는 빛, 조금은 불안한 배경음악과 주인공을 숨어서 엿보는 착각을 일으키는 화면은 시종일관 묘한 긴장감을 유지한다.

하층민의 삶에 대한 저항 없이 철저히 신분에 순응하는 순수한 소녀 그리트는 베르메르의 화실을 청소하기 위해 창문을 열었고, 창문에 쏟아지는 빛은 베르메르의 삶에 들어올 새로운 빛을 예견하는 듯 비밀스럽고 따뜻하게 떨어졌다. 베르메르는 그리트에게 색을 만드는 법을 가르쳐주었고, 그리트는 과감하게 베르메르 화면의 사물을 이동시키기도 하며 둘은 예술적 감성이 통하고 있음을 감지했다. 그러나 베르메르 곁에는 늘 질투로 날을 세우고 있는 아내와 그림을 돈 버는 수단 이상으로 생각하지 않는 장모, 그리트를 탐하는 컬렉터 라이벤이 버티고 있었다. 그렇게 신분과 상황에 용납될 수 없는 둘의 사랑은 더 나아가지 못하고 머뭇거리는 모습이었다. 가늘게 떨리지만 이내 포개기를 포기하는 둘의 손, 서로의 입을 맞추지 못하고 입술을 적시는 모습만 지켜보아야 하는 베르메르. 억압 속에 아슬아슬하게 침투하는 에로티시즘은 묘한 기류를 타고 둘 사이를 오가길 거듭했다.

관념과 리얼리티가 부딪치는 순간마다 불편했다. 온전히 그리트의 입장이 될 수 없기에.

아버지의 의중을 눈치 챈 베르메르의 심술궂은 딸은 그리트를 모함에 몰아넣기도 하고, 둘 사이를 의심

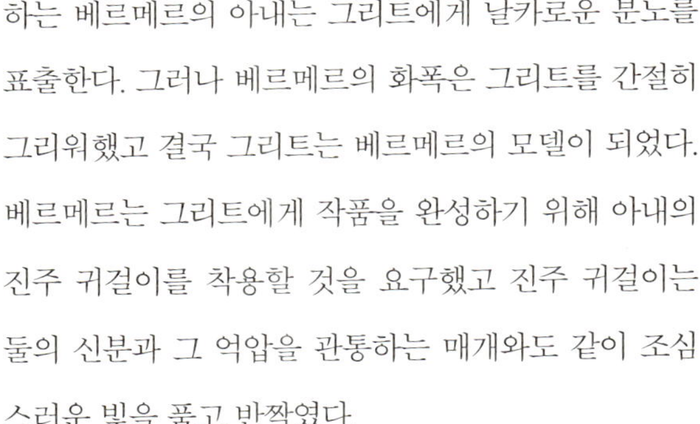

하는 베르메르의 아내는 그리트에게 날카로운 분노를 표출한다. 그러나 베르메르의 화폭은 그리트를 간절히 그리워했고 결국 그리트는 베르메르의 모델이 되었다. 베르메르는 그리트에게 작품을 완성하기 위해 아내의 진주 귀걸이를 착용할 것을 요구했고 진주 귀걸이는 둘의 신분과 그 억압을 관통하는 매개와도 같이 조심스러운 빛을 품고 반짝였다.

그 무렵 그리트는 시장에서 우연히 만난 푸줏간 집 아들 피터와 소소한 사랑의 즐거움을 나누지만, 피터를 향한 마음과 베르메르를 향한 사랑은 분명 다른 의미였다. 피터에게 해줄 수 있는 것이 없었던 그리트는 피터에게 순결을 바치지만, 둘의 육체적인 사랑에 비할 수 없이 에로틱한 장면은 베르메르가 그리트의 귀를 뚫어주는 순간이었다.

Sealed Smile - Tiffany&Co
2011 장지에 채색 50×50cm

패각의 체내에 침투한 모래알은 조가비 살을 자극하며 고통을 준다.
살을 파고드는 고통에 체액을 토해내며 아름답고 둥그런 결정체를 만들어낸다.
결정체는 창백하고 영롱한 빛을 발하는 불안하고 아팠던 순간의 기록이다.

진주 귀걸이를 착용하기 위해 베르메르에게 귀를 뚫어달라고 말하는 그리트와 날카로운 송곳으로 소녀의 귀를 뚫는 화가 사이에는 억압과 사랑의 감정이 첨예하게 다투고 있었다. 성교를 빗댄 듯한 화면에서 새빨간 성애性愛는 피를 흘리며 터지는 듯했다. 귀를 뚫은 그리트의 뺨을 타고 눈물이 흘렀고, 눈물로 그리트의 입술을 어루만지는 베르메르의 모습은 아련하다. 이루어질 수 없는 숙명을 알고 있는 그리트의 표정은 처연했고 까만 바탕에 파란 터번을 쓰고 젖은 눈을 뜬 소녀의 얼굴만이 사랑이 머물렀던 순간을 증명했다.

그리트가 남편의 모델이 되었음을 알아차린 베르메르의 아내가 그림을 보고 음란하다고 오열한 것은 이미 둘 사이에 오갔던 아슬아슬한 감정이 화면에 또렷하게 드러났기 때문이다. 화가의 영혼인 그림은 감정

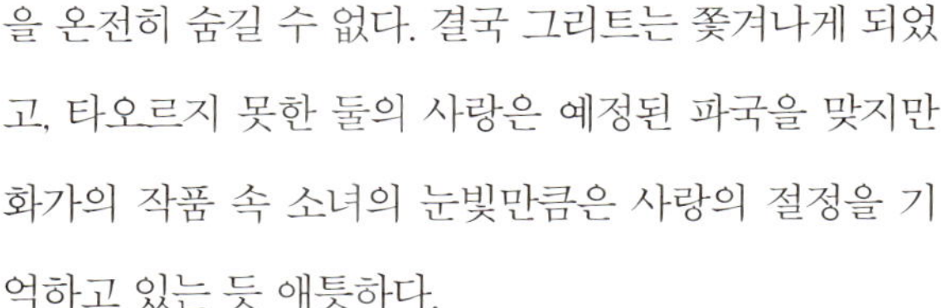

을 온전히 숨길 수 없다. 결국 그리트는 쫓겨나게 되었고, 타오르지 못한 둘의 사랑은 예정된 파국을 맞지만 화가의 작품 속 소녀의 눈빛만큼은 사랑의 절정을 기억하고 있는 듯 애틋하다.

패각의 체내에 침투한 모래알은 조가비 살을 자극하며 고통을 준다. 살을 파고드는 고통에 체액을 토해내며 결국 아름답고 둥그런 결정체를 만들어내듯이 베르메르의 화면 속 진주 귀걸이는 인정받을 수 없는 사랑의 아픔에 분투하다 결정을 만들어낸 둘의 사랑을 암시한다.

환영받지 못하고 억눌린 사랑, 진주 귀걸이를 한 소녀의 귓불에 멈춘 둥근 결정체는 그렇게 창백하고 영롱한 빛을 발하며 불안하고 아팠던 사랑의 순간을 기록한다.

사랑은 무엇이고 불륜은 무엇인가. 때로 진실은 관점에 의해 사실을 위장해버리기도 한다. 끝머리가 조금은 아팠던 영화를 끝내며 어려운 용서의 길 대신 덤덤한 받아들임으로 머리를 위로한다. 소녀의 눈빛이 처연하고 불안하다.

그러나 슬프게도 아름답다.

누구의
사랑도
비극이라
말할 수
없다

미술 역사상 가장 전설적이고 비극적인 사랑을 이룬 모디와 잔느. 영화 같은 삶을 소재로 만든 것이라는 사실만으로도 영화 〈모딜리아니〉를 봐야 할 이유는 명료하다. 헤드셋을 끼고 영화를 실행하는 순간, 터키색 짙은 새벽 공기와 독백이 모니터 너머로 엄습한다.

"진정한 사랑, 그런 사랑을 했다고 영원히 비난받아야 하는지."

나지막한 톤으로 자위하던 잔느의 목소리. 이제는 전설이 되어버린 주인공 잔느의 무력한 눈빛은 지탱하기 힘든 슬픔을 담고 가늘게 떨리고 있었다. 세상의 빛을 보지도 못한 생명을 품고, 살아 있음의 전부를 의미

했던 모디를 따라 돌아올 수 없는 강을 건너간 잔느 에뷔테른. 둘의 사랑은 단순히 비극이라 단정하기에는 지독하게 아름다웠고 불꽃처럼 정열적이었다.

수려한 용모의 화가, 술과 마약을 즐기던 보헤미안, 가진 것 없는 유대인 모딜리아니는 열네 살 어린 미술학도 잔느를 만나 서로의 마음에 싹튼 사랑을 확인했다. 그러나 여느 부모와 마찬가지로 잔느의 부모는 가난한 화가와 딸의 사랑을 반대했고, 이들을 갈라놓기 위해 애쓰지만 주변의 저항만큼 걷잡을 수 없이 커가는 둘의 사랑을 막지는 못했다.

방황하는 모디를 향한 잔느의 마음은 현실의 벽에 흔들림이 없었다. 방탕한 생활을 이어가는 모디 곁에는 언제나 어리고 순수한 잔느가 있었다. 잔느는 모디가 사랑하는 여인이었고, 모성애를 자극하는 엄마 같

Sealed Smile
2011 장지에 채색 30×30cm

한순간 호감과 설렘의 짧은 시간을 지내고 나면
사랑하는 이는 삶을 지탱하는 중심과 목적이 되기보다
습관의 의복을 입고 일상의 부분으로 자리를 옮기며
마음은 밋밋하게 무뎌지는 것에 익숙하다.

은 존재였으며, 예술적 영감의 원천이 되어 모디의 캔버스 안에서 우수에 찬 눈을 뜨고 태어나길 거듭했다.

모디는 서른다섯 젊은 나이에 폐결핵으로 생을 마감한다. 모디를 품에 안고 눈물조차 흘리지 못할 만큼 극한의 슬픔을 경험한 잔느의 머리 위로 싸늘하고 음습한 새벽 달빛이 떨어졌다. 그 순간 잔느에게는 죽어서도 자신의 모델이 되어 달라고 말하던 모디의 모습이 현현하게 아른거렸던 것일까. 푸르게 멍든 새벽, 배 속에 생명을 품고 그녀는 영원한 침묵의 길을 택한다.

사랑을 결정짓는 순간, 우리는 얼마나 많은 조건을 전제하는가. 상대의 삶보다 스스로의 삶의 소중함을 앞에 두고 자신을 안정적인 삶으로 인도할 수 있는 사람인지 이기적으로 계산하며 때론 기회주의적인 태도로 더 나은 사람을 향해 돌아서는 인스턴트 사랑이 낯설지 않다.

한순간 호감과 설렘의 짧은 시간을 지내고 나면 사랑하는 이는 삶을 지탱하는 중심과 목적이 되기보다 습관의 의복을 입고 일상의 부분으로 자리를 옮기며 마음은 밋밋하게 무뎌지는 것에 익숙하다.

삶의 이유가 모디였던 까닭으로 영원한 침묵의 시간을 따라나선 잔느의 사랑을 비극이라고 힐난할 수 있을까. 사랑이라는 이름의 이기적인 포박이 잔느를 죽음이라는 비극으로 내몰았다기보다 자신 이전에 모디가 전부였던 진짜 사랑을 경험한 것은 아니었는지. 미지근한 마음으로 시간의 강을 표류하기보다 누구보다 뜨거운 가슴으로 시간의 강에 몸을 던져 가난한 화가의 삶에 등장해 걸작을 탄생시키고, 모딜리아니라는 이름을 시대를 초월한 세기의 예술가로 탄생시킨 잔느

에뷔테른.

사랑의 진정성을 그리워하는 세상은 모디와 잔느를 먼지 쌓인 시간의 지층 속에서 끄집어내 그 침묵의 값을 치르고 있다.

비극이라 단정 지을 수 없는 사랑의 전설이다.

누구나
유즈를
꿈꾼다

녹아내린 듯한 회중시계가 담긴 초현실주의적 화면으로 사람들의 인상에 각인된 화가 살바도르 달리. 늘 안정을 찾지 못하고 불안해했던 그의 세계에 갈라가 찾아왔던 것은 그의 나이 스물다섯 되던 해였다. 그녀는 걸작을 직접 만들지는 않았지만, 예술가에게 내재된 영감을 흔들고 끌어내 걸작을 탄생시킨 20세기 최고의 뮤즈다.

달리보다 열 살이 많았던 갈라는 달리를 만났을 당시 이미 남편 폴과 딸이 있었고, 잠시 머문 에른스트와 부적절한 삼각관계를 지속했다. 이렇듯 종잡을 수 없는 남성 편력의 소유자였던 갈라였지만 아이러니컬하게도 무명에 가까웠던 예술가들은 그녀로 인해 창작의 세례를 입고 수많은 예술 작품을 탄생시켰다. 시인 폴 엘뤼아르, 화가 막스 에른스트 그리고 살바도르 달리

가 그러했다.

갈라를 보고 첫눈에 사랑을 직감했던 달리. 그에게 갈라는 단순한 삶의 동반자로서의 연정을 넘는 존재였다. 갈라는 특출한 미인은 아니었지만 달리는 갈라의 지성과 매력을 찬미했고 불안하고 광기어린 작가정신을 유지했다. 딸과 남편을 버린 갈라와 열 살 어린 달리가 사랑을 시작하던 당시, 비정상적인 이들의 사랑이 얼마 지속되지 못할 것이라 손가락질했던 세간의 비난을 조롱이라도 하듯 둘은 40년이 넘도록 별난 사랑을 나누었다.

갈라는 달리의 예술적 영감을 뒤흔들며 달리의 마음을 지배했고, 달리의 화면 곳곳에 갈라가 등장하기 시작했다. 달리 화면에 등장하는 여성의 대부분은 갈라의 모습으로 태어났다. 심지어 작품에서 갈라는 마

Sealed Smile - American Rose
2012 장지에 채색 60×60cm

아프거나 사랑하거나 외로운 감정을 경험할 때면
어김없이 그림도 비슷한 분위기를 안고 시간을 지나온다.
화가의 삶에 뮤즈가 찾아올 때 화폭은 변화를 맞게 된다.

리아의 형상으로 나타나기도 했다. 여리고 예민한 감수성을 갖고 있던 달리는 노이로제에 가까운 자신의 광기가 연인이자 성녀를 의미했던 갈라로부터 구원받고 치유된다고 생각했다. 달리의 서명은 '갈라와 살바도르 달리'로 바뀌기에 이르렀다.

갈라는 달리의 감각을 일찍 알아보고 달리가 유능한 화가로 거듭날 수 있도록 관리했다. 결국 달리는 제2차 세계대전 이후 미국 자본주의의 흐름을 타고 막대한 부를 축적하게 되었다. 자신이 떠난 후에도 자신을 평생 사랑했던 폴을 버리고 딸마저 차갑게 외면했던 갈라. 피로 물든 20세기 초 도덕의 잣대로 가늠할 수 없는 팜므파탈의 격정적인 삶과 사랑은 세기를 아우르는 예술 작품을 탄생시켰다.

달리의 정신병적 기질을 예술로 환원시켜 캔버스로

이끌어내는 교량이 되었던 갈라와 그녀가 삶의 전부였던 달리는 세기에 남는 예술가와 뮤즈상이 되어 비로소 서로의 삶에 신화로 남게 되었다.

화가의 삶은 캔버스와 분리하기 어렵다. 나 역시 감정과 그림이 별개일 수 없다. 아프거나 사랑하거나 외로운 감정을 경험할 때면 어김없이 그림도 비슷한 분위기를 안고 시간을 지나온다. 한 화가의 삶에, 그 예술의 세계에 뮤즈가 찾아올 때 화폭은 변화를 맞게 된다. 그리고 예술적 영감이 된 뮤즈에게는 면죄부가 주어진다. 누군가의 삶 속 깊숙이 영향을 미치고야 마는 사랑, 감수성이 예민한 동료 예술가들의 사랑은 유난히 그러했다.

만남과 헤어짐이 어느 때보다 가볍고 계산적인 시대에 한 사람의 내면 뿌리까지 송두리째 뒤흔드는 사랑은 환상에 가깝다. 그러나 그런 사랑을 실천한 예술가들의 행적이 있기에 20대 후반에 이르러 유일한 사랑의 희망은 유효한 것이 아닐까.

누구나 뮤즈를 꿈꾼다. 나 역시 뮤즈를 꿈꾼다. 내가 주인공이든 상대가 주인공이든 한 사람의 세계에 신화로 남는 유일한 사랑으로 심장에 뿌리 깊게 박히는 그런 뮤즈를.

남자를

떠나보내는

여심

▼

화가 잭슨 폴락과 리 크래스너는 더 행복해지기 위해 이별을 선택했을 것이다.

술에 의지해 비루한 삶을 이어가던 가난한 화가 폴락의 작업실에 한 여인이 방문한다. 좁은 방 안 캔버스에 켜켜이 쌓인 물감 덩어리 사이 테라핀 냄새가 진동했을 공간에서 그녀는 범인이 아닌 예술가의 특별한 에너지를 공감했던 것일까. 첫눈에 한 아티스트의 천재성을 알아본 여류화가는 이내 그 초라한 화가와의 사랑을 마음먹게 된다. 추상표현주의의 대가로 역사에 획을 그은 스타 아티스트 잭슨 폴락의 탄생의 태동과도 같은 순간이었다.

그렇게 술에 취한 채 피카소를 향해 막연한 절규를 퍼붓기나 하던 가난한 알코올중독 화가는 운명적인 만남을 계기로 자신의 작품을 이해해준 여류화가 리 크래스너와 동거를 시작하게 된다. 그러나 하나에서 둘의 삶을 시작한 이후에도 폴락의 생활은 변할 줄을 몰랐다. 폴락의 천재성을 알아본 금세기 화랑 페기 구겐하임의 후원으로 한껏 기대했던 개인전을 열지만, 한 점의 작품도 팔지 못한 채 실패의 고배를 마셔야 했다. 자괴감에 빠진 폴락의 생활은 더욱 비루해져갔다.

안에서 움틀거리는 뜨거운 에너지와 현실의 남루함을 감당하지 못한 예술가는 술에 의지하는 순간이 잦아졌고, 괴팍한 행동은 날로 심해져 갔다. 그럼에도 불구하고 크래스너는 폴락의 곁을 지키며 기꺼이 모든 것을 바쳐 고단한 사랑을 씨줄 날줄 엮어간다. 빼어난 미녀도, 그렇다고 온화한 연인도 아닌 한껏 날이 선 예술가적인 기질을 다분히 타고난 크래스너였지만, 그녀는 예술가로서의 폴락을 위해 누구보다 희생적인 길을 선택했다. 화면을 지나치는 크래스너의 표정은 폴락에게서 연신 무언가를 찾는 듯했다. 자신이 이루지 못한 예술성에 대한 집요한 사랑이었을까, 혹은 집착이었을까. 크래스너의 사랑은 조금 특별한 색을 띄며 따갑고 예민하게 폴락의 마음을 죄어갔다.

이후 둘은 그들의 정신을 괴롭히던 뉴욕을 떠나 롱아일랜드의 스프링스에서 결혼과 함께 새로운 삶을 시작하게 된다. 때때로 폴락은 아이를 원하기도 했지만, 오직 폴락의 예술만을 독촉하는 크래스너에게 아이는 사치에 불과했다. 그즈음, 새로 터를 잡은 작업실에서 폴락은 우연히 바닥에 흘린 물감을 보고 잠시 손을 멈춘다. 화포 위에 흩뿌려진 공업용 안료로 예의 익숙한 폴락 화면의 신호탄과 같은 순간이 지나갔고, 폴락은 2차원의 평면을 고스란히 인정하는 그만의 화법을 펼

치게 된다.

이후 그의 인생을 바꾸었다고 해도 과언이 아닐 〈라이프〉지의 인터뷰를 통해 폴락의 이름은 세상에 알려지고, 고대했던 뉴욕에서도 폴락의 입지는 굳어지며 일약 스타작가로 비상하게 되었다. 물감을 뿌리는 퍼포먼스에 가까웠던 다이내믹한 제작과정은 작품만큼이나 주목을 받았다. 폴락의 곁에서 고된 내조를 이어가던 크래스너에게도 반가운 나날이었을 것이다.

폴락은 그렇게 삶의 전성기를 맞지만, 몇 년 동안 새로운 작품을 발표하지 못하는 스트레스로 창작의 고통을 겪게 됐고, 그는 또다시 술병을 붙들고 만다. 그럴수록 황폐해진 정신을 가누지 못하는 폴락을 향한 크래스너의 집착은 더욱 고조되었다. 오직 그림그리기만을 강요하는 크래스너는 마치 자신이 이루지 못한 예

Sealed Smile
2008 장지에 채색 90×72cm

Sealed Smile
2009 장지에 채색 30×30cm

모난 사랑에 다치는 날이 잦았더라도,
그곳이 결국 세월을 함께 나눠온 서로의 아늑한 피안이었음을.

술적 갈증을 폴락이라는 거대한 숲에서 찾아 헤매는 듯했다.

폴락의 마음은 자신을 옥죄는 크래스너에게서 차츰 멀어져 갔고, 이들은 예정된 파국을 맞는다. 그리고 자신을 몰아붙이는 그녀만 없으면 행복할 거라 여겼던 폴락은 온화하고 젊은 여인 루스 크릭만을 만나 마음의 평화를 찾게 된다. 하지만 폴락은 마음의 평화가 곧 사랑을 의미할 수는 없다는 것을 이내 깨닫는다. 크래스너는 폴락을 떠났지만, 폴락은 그녀의 헌신적인 사랑 없이는 자신이 도달하지 못했을 영역을 인정했고, 못난 사랑이었을지언정 그것이 진정이었음을 뼛속 깊이 목도해야만 했다. 공허해진 마음을 술로 채우던 폴락은 결국 극단적인 선택을 하고 만다.

한껏 술에 취한 채 루스 크릭만과 그녀의 친구를 태

운 차를 몰던 폴락의 모습은 죽음을 예고한 여인들의 찢어질 듯한 비명 가운데서도 오히려 담담해 보였다. 극단적이었지만 짐짓 초연하게 그는 삶의 마지막을 향해 간다.

정제되지 못한 예술적 에너지를 타고나 뜨겁게 타들어가는 에너지를 이기지 못했던 화가와 그 에너지를 사랑했던 여인은 온전히 서로를, 아니 사랑하고 있는 스스로의 모습을 이해할 수 없었던 긴 행로를 걸어야 했다. 때로 날카로운 칼날에 다치는 날이 잦았지만 결국 그 사랑과 집착은 예술가로 태어난 이들에게 피할 수 없는 숙명의 행로였음을 그들은 결국 깨닫게 되었을까. 폴락의 예술성을 갈구하던 크래스너가 없었다면 〈No. 31〉이 세상의 빛을 볼 수 없었음은 자명하다.

예술이 전부였던 한 남자와 그 남자의 천재성을 사

랑했던 여인의 삶은 고단했지만 역사를 풍미한 화폭은 이들이 지속한 사랑을 증명했다. 영화 속에서 마지막 길을 선택한 폴락은 그 순간 삶을 지나쳐간 사랑과 사람을 떠올렸을 것이다.

모난 사랑에 다치는 날이 잦았더라도, 그곳이 결국 세월을 함께 나눠온 서로의 아늑한 피안이었음을.

가면에 감추어진 혼란의 미학

김지희는 아시아 현대 미술에서 팝 아트로 활동하는 한국의 젊은 아티스트다. 다른 많은 작가와 달리 그녀는 순수한 즐거움과 무사태평한 경험이라는 가면 뒤에 감추어진 것에 관심을 가진다. 겉으로는 쉽고 재미있는 감성에 대한 현재 시류에 일부 속하는 것처럼 보일 수도 있지만, 그녀는 그 시류 너머를 바라보며 가벼운 즐거움에 내맡긴 지루한 삶을 미묘하게 비판하는 이미지들을 탄생시키고 있다.

김지희 작가의 작품 속 이미지들은 보는 이들을 혼란스럽게 만들기도 하는데, 그 이유는 작품을 통해 행복의 가장된 모습을 볼 수 있기 때문이다. 그것은 밝은 색채들과 아름다운 시도에도 불구하고, 모든 이가 그 속을 통과해 진실을 들여다 볼 수 있는 마스크가 존재하는 까닭이다.

_조나단 굿맨(뉴욕 미술평론가)

장지에 펼쳐진 현대사회의 색채

전통적인 주제를 습득하면서 현대사회 표현의 한계에 직면한 김지희 작가는 대학시절 자신의 문제제기에 변화를 시도해야 한다는 사실을 깨달았다. 그 결과 전통의 끈은 놓지 않으면서 현대적인 주제에 집중하기로 결심한다. 그녀는 한국의 전통 종이인 장지 위에 색을 입힌다. 현대사회뿐 아니라 자연과 예술의 재현에 대한 깊이 있는 문제제기가 김지희의 작품세계에 나타나는 이유가 여기에 있다.

김지희가 중요한 아티스트인 이유는 우리 자신의 존재를 있는 그대로 바라보게 하기 때문이다. 이상적인 모델에 맹목적으로 순응하는 데 급급해 감정적인 뿌리를 외면하는 존재들 말이다.

_장 루이 프아트뱅(프랑스 미술평론가)

비극적인 미소에 담긴 불편한 진실

우리가 이 젊은 작가의 작품에 주목하는 본질적인 사유는 무엇보다 얼굴에 내재된 이중적인 메시지이다. 그 메시지의 본질은 무엇인가. 그것은 감추어져 있는 밝은 얼굴 속의 고독한 내면의 이야기다.

그는 두 얼굴로 살아가는 슬픈 인간의 존재, 결코 진실을 말하지 못하는 비극적인 표정 위에 가면을 쓰고 의사소통하는 우리 현대인의 불편한 웃음을 선물한다.

_김종근(미술평론가)

저자약력

/ 학력 /

2007 이화여자대학교 조형예술대학 동양화전공, 미술사학 부전공 졸업

2009 이화여자대학교 동양화전공 대학원 졸업

/ 개인전 /

2012 SOAF-김지희 특별전 〈MISSHA with Kim Jihee〉 [코엑스]

2011 청작미술상 수상 기념초대-김지희 개인전 〈Collection of Desire〉 [청작화랑]

2010 갤러리 The K 기획초대-김지희 개인전 〈MASCHERATA〉 [갤러리 The K]

2009 헤이리 블루메 갤러리 기획초대-김지희 개인전 〈Beyond Truth〉 [블루메 갤러리]

2008 갤러리 영 기획 김지희 초대전 〈Sealed Smile〉 [갤러리 영] 외

/ 단체전 /

2012

화랑미술제 [코엑스]

2011

KIAF 아트페어 [코엑스]

아시아 탑갤러리 호텔아트페어 [그랜드 하얏트 서울]

일천구백십일년구월 전 [G2갤러리, 도쿄]

남송국제아트쇼 [성남아트센터]

요셉의원을 구하라 [198 맨션]

SOAF 아트페어 [코엑스]

심장병 어린이와 소아암 어린이 돕기 후원전 [CNB 갤러리]

화랑미술제 [코엑스]
뉴욕 레드닷 아트페어 Korean Art Show [뉴욕]
한국미술의 반짝이는 별 [AKA SPACE]

2010
아름다운 나눔전 [갤러리 M]
그림한점 부탁해 [원 갤러리]
The 1st Artist Charity Auction : Donor's Party [CSP111아트스페이스]
Let's get together [HANCOCK ART&DESIGN CENTER, 캘리포니아 롱비치]
Moving on [백해영 갤러리]
2010 대구아트페어 [대구 엑스코]
양평환경미술제 [코바코 연수원]
2010 통과의례 Relay Presentation [수원시립미술전시관]
쾰른아트페어 21 [쾰른엑스포, 쾰른]
Play all day [엠브로시아 갤러리]
"A selection of Artists from Southeast Asia" [A.Jain Marunouchi Gallery, 뉴욕]
청작화랑 선정작가전-새로운 도약 [청작화랑]
"Seeing : 5 female artists from Korea" [Coningsby Gallery, 런던]
4색전 [가가 갤러리]
아트대구 아트페어 [대구 엑스코]
한국미술 100인전 [갤러리 바이올렛]
Immature pop seoul [언오피셜프리뷰 갤러리]
꿈을 그리다 [의정부 예술의전당]

신년하례전 [갤러리 K]
Happy New Year From the East [Tacoma Contemporary, 워싱턴]

2009
Paint! [뉴욕 Climate 갤러리 초대]
눈동자, 두 개의 시선-박대조. 김지희 2인전 [갤러리 the K]
부산 mul-art show [부산문화회관]
Wonderful pictures [일민미술관]
Passion of 6 Artists [통큰 갤러리]
갤러리 루미나리에 개관기념 골든아이 선정작가전 [갤러리 루미나리에]
현대 여성과 일-Lunar's Walking [이화아트센터]
베이징 송장예술제 한국관 [중국 송장예술구]
그린케이크 아트페어 [현대백화점 압구정 본점]
Two Memories [2인전. 소원-윤보선 전대통령 생가]
Fresh! Asian Paintings Now [Homeland, 미국 오레곤주 갤러리]
Focus 6 Artist [스페이스 다원]
골든아이 선정작가 특별전 [코엑스 인도양홀]
서울아트살롱 아트페어 [AT센터]
Help Artist展 [Jazzymas 갤러리]
세계 난민구제 기금모음 자선전시 [한국광고공사]
방아쇠를 당기다 [이형아트센터]
빛나는 현대미술 2009 [이형아트센터]
W.A.V.E전 [이화아트센터]

2008
골든게이트전 [갤러리 루미나리에]
수원시립미술관 기획초대-통과의례展 [수원시립미술관]
고양시립미술관 기획초대-웃어도 돼요? [어울림 미술관]
북경아트프로젝트 참여 [2008.7.3~7 중국 좌우예술구]
99tents, 99dream전 [중국 좌우갤러리]
피어나다 [갤러리 각]
나름전 [갤러리 영]
묵동인전 [아트센터 알트]
한국 미술 대학원생 작품 초대전 [단원미술관]
채연전 [이화아트센터]
21c 시대와 정신전 [타워갤러리]
2008 청년 미래를 보다전 [드림갤러리]

2007
The One전 [The Orange 갤러리]
전일전 [일본 동경 아사쿠사뷰 호텔]
앤벤 아세아-국제 살롱전 [중국 앤벤 박물관]
청년작가 조망전 [예술의 전당]
선면전 [타워갤러리]
채연전 [갤러리 라메르]
칭다오 국제 미술 엑스포 [중국 칭다오 문화중심] 외 다수

/ 프로젝트 /

2012 미샤 콜라보레이션 〈MISSHA with Kim Jihee〉 한정판 출시

2012 영화 〈하울링〉 작품협찬

2011 아프리카 어린이를 위한 제너럴아이디어 아티스트 콜라보레이션

2010 KBS 드라마 〈엄마도 예쁘다〉 작품협찬

2010 전통주 문화진흥원-전통주 홍보 이미지 제작

2008 하우스룰즈와 함께하는 아트마스 파티, 자선경매

/ 수상 /

2010 청작미술상(최연소)

2007 일본 전일전 예술상 외 다수

/ 방송 /

KBS 〈행복한 교실-노력파 천재화가 김지희 편〉 외

/ 미술칼럼 /

격월간 〈ART&COLLECTOR〉, 대한항공 기내지 〈BEYOND〉, 격월간 〈신세계 S스타일〉, 월간 〈HAPPY 2DAY〉 연재, 현대차 사보 월간 〈모터스라인〉, 단행본 《예술과 경영이 연애를 하다》, 단행본 《예술가에게 길을 묻다》 외

/ 작품 소장 /

페라리, 에이블씨엔씨-미샤, 우리자산관리, 예이랑 치과(콜라보레이션), (주)유스텍 외 다수 기업, 갤러리, 병원, 개인 컬렉션

Special

Edition

Sealed Smile - The Truth set you free
2012 장지에 채색 100×100cm

Sealed Smile - FERRARI
2011 장지에 채색 50×50cm

Sealed Smile - CHANEL
2011 장지에 채색 50×50cm

Sealed Smile
2012 장지에 채색 90×72cm

Sealed Smile - I Love NY
2012 장지에 채색 30×30cm

Sealed Smile - I Love NY
2012 장지에 채색 30×30cm

Sealed Smile
2009 장지에 채색 72×60cm

Sealed Smile
2010 장지에 채색 130×97cm

Sealed Smile
2010 장지에 채색 73×91cm